高职高专"十四五"规划学前教育专业新标准实践型示范教材

总主编　蔡迎旗

学前儿童健康教育

主　编 ◎ 王会明　侯晓磊　袁文娣
副主编 ◎ 阮　娟　余轶夫　黄　畅
　　　　向小英　邓　凡
编　者 ◎ 王会明（湖北职业技术学院）
　　　　侯晓磊（合肥幼儿师范高等专科学校）
　　　　袁文娣（华中科技大学出版社）
　　　　阮　娟（黄冈职业技术学院）
　　　　余轶夫（湖北孝感美珈职业学院）
　　　　黄　畅（湖北孝感美珈职业学院）
　　　　向小英（北京市朝阳区教育科学研究院）
　　　　邓　凡（三峡旅游职业技术学院）
　　　　李春光（北京青年政治学院）
　　　　冉小平（华中师范大学附属幼儿园）
　　　　梅珺珺（黄冈师范学院附属幼儿园）
　　　　肖　燕（黄冈师范学院附属幼儿园）
　　　　李佳景（北京市朝阳区丽景幼儿园）
　　　　方佳林（湘南幼儿师范高等专科学校附属幼儿园）
　　　　仇文媛（河北省遵化市人民医院）

华中科技大学出版社
http://press.hust.edu.cn
中国·武汉

图书在版编目(CIP)数据

学前儿童健康教育/王会明,侯晓磊,袁文娣主编. -- 武汉:华中科技大学出版社,2024.6. -- (高职高专"十四五"规划学前教育专业新标准实践型示范教材). -- ISBN 978-7-5772-0934-0

Ⅰ.G613.3

中国国家版本馆 CIP 数据核字第 2024FX3936 号

学前儿童健康教育
Xueqian Ertong Jiankang Jiaoyu

王会明　侯晓磊　袁文娣　主编

策划编辑:	周晓方　周清涛
责任编辑:	陈　孜
封面设计:	廖亚萍
责任校对:	张汇娟
责任监印:	周治超
出版发行:	华中科技大学出版社(中国·武汉)　　电话:(027)81321913
	武汉市东湖新技术开发区华工科技园　　邮编:430223
录　　排:	华中科技大学惠友文印中心
印　　刷:	武汉科源印刷设计有限公司
开　　本:	889mm×1194mm　1/16
印　　张:	12.5
字　　数:	326 千字
版　　次:	2024 年 6 月第 1 版第 1 次印刷
定　　价:	49.90 元

本书若有印装质量问题,请向出版社营销中心调换
全国免费服务热线:400-6679-118　竭诚为您服务
版权所有　侵权必究

高职高专"十四五"规划学前教育专业新标准实践型示范教材

编写委员会

总主编

蔡迎旗　华中师范大学早期教育学院院长，教授，博士生导师
　　　　教育部高等学校幼儿园教师培养教学指导委员会委员
　　　　中国教育学会学前教育专业委员会副理事长
　　　　学前教育"国培计划"首批专家和学前教育师范类专业认证专家

副总主编

（按照姓氏拼音排序）

邓艳华	衡阳幼儿师范高等专科学校	徐丽蓉	江汉艺术职业学院
刘丽伟	华中师范大学	杨冬伟	湖北工程职业学院
罗春慧	湖北幼儿师范高等专科学校	杨　龙	郑州幼儿师范高等专科学校
唐翊宣	广西幼儿师范高等专科学校	杨素苹	武汉城市职业学院
田兴江	重庆幼儿师范高等专科学校	叶圣军	福建幼儿师范高等专科学校
王任梅	华中师范大学	尹国强	华中师范大学
王先达	福建幼儿师范高等专科学校		

编委

（按照姓氏拼音排序）

陈启新	三峡旅游职业技术学院	欧　平	衡阳幼儿师范高等专科学校
董艳娇	安阳师范学院	苏　洁	湖北幼儿师范高等专科学校
段　为	湖北艺术职业学院	孙丹阳	铜仁幼儿师范高等专科学校
俸　雨	武汉商贸职业学院	谭学娟	江汉艺术职业学院
郝一双	湖北商贸学院	田海杰	烟台幼儿师范高等专科学校
侯晓磊	合肥幼儿师范高等专科学校	王会明	湖北职业技术学院
焦　静	福建幼儿师范高等专科学校	王　梨	常州幼儿师范高等专科学校
焦名海	深圳信息职业技术学院	王　雯	华中师范大学
李　卉	华中师范大学	闫振刚	郑州升达经贸管理学院
李志英	三峡旅游职业技术学院	杨　洋	三峡旅游职业技术学院
廖　凤	湘南幼儿师范高等专科学校	张　娜	华中师范大学
刘翠霞	湖北工程学院	赵倩倩	湖北三峡职业技术学院
刘凤英	湘南幼儿师范高等专科学校	郑艳清	湖北幼儿师范高等专科学校
刘　艳	三峡旅游职业技术学院		

网络增值服务

使用说明

欢迎使用华中科技大学出版社人文社科分社资源网

1 教师使用流程

（1）登录网址：http://rwsk.hustp.com （注册时请选择教师用户）

注册 → 登录 → 完善个人信息 → 等待审核

（2）审核通过后，您可以在网站使用以下功能：

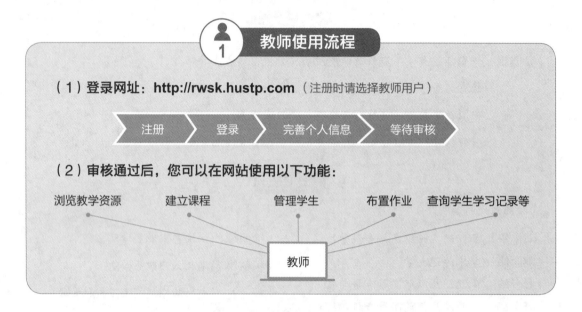

浏览教学资源　建立课程　管理学生　布置作业　查询学生学习记录等

2 学员使用流程

（建议学员在PC端完成注册、登录、完善个人信息的操作）

（1）PC端学员操作步骤

① 登录网址：http://rwsk.hustp.com （注册时请选择普通用户）

注册 → 完善个人信息 → 登录

② 查看课程资源：（如有学习码，请在个人中心-学习码验证中先验证，再进行操作）

首页课程 → 课程详情页 → 查看课程资源

（2）手机端扫码操作步骤

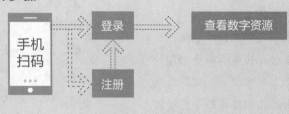

手机扫码 → 登录/注册 → 查看数字资源

内容提要

本教材依据高职高专学生特点，遵循"理论必需、够用，提高实践能力"的原则，从理论知识、思考与练习、实践与实训、思政案例四个部分对学前儿童健康教育的有关知识进行阐述和巩固，加强学前儿童健康教育活动设计和指导能力训练，注重提升职业道德修养。

本教材共分为八个项目，分别介绍了学前儿童健康教育概述、基本问题，以及学前儿童安全教育、生活自理能力教育、饮食与营养教育、疾病预防教育、体育教育、心理健康教育内容。每个项目都设置了学习目标、思考与练习、实践与实训模块，以进一步提升教育教学能力。此外，每个项目根据具体内容，还提炼了思政元素，形成思政案例，突出师德修养。

本教材主要面向高职高专学前教育专业学生及幼儿教育工作者。

总 序

人生百年，立于幼学。学前教育是我国学校教育制度的基础、国民教育体系的重要组成部分和重要的社会公益事业，关系到我国千万名儿童的健康快乐成长和无数家庭的和谐幸福，我国各级政府高度重视，社会各界高度关注。推动学前教育普及、普惠和高质量发展已成为我国学前教育事业改革与发展的未来方向。

幼儿园教师是决定幼儿园保育与教育质量的关键因素，是我国构建现代化、高质量学前教育体系的根本保障。当前，我国学前教育事业发展的薄弱环节是幼儿园教师队伍的建设。高质量的幼教师资来源于高水平的学前教师教育，为顺应我国学前教育事业发展的迫切需求，教育部颁布了《教师教育课程标准（试行）》《幼儿园教师专业标准（试行）》《新时代幼儿园教师职业行为十项准则》《学前教育专业师范生教师职业能力标准（试行）》等多个文件，对我国幼儿园教师教育课程、幼儿园教师专业素养、职业道德与行为、职业能力与岗位适应等进行规范与引导，以努力提升我国学前教师教育的整体质量与水平。

当前，我国幼儿园教师起点学历已由中专提升为专科及以上层次。在职幼儿园专任教师中专科及以上学历比例超过了90%，其中近八成是专科学历。高职高专在我国幼儿园教师人才培养中具有举足轻重的地位，是我国学前教师教育的主力军。

职业教育是我国国民教育体系和人力资源开发的重要组成部分，

是培养多样化人才、传承技术技能、促进就业创业的重要途径。我国各级各类职业教育院校守正创新、锐意改革，大力提升职业教育办学质量和适应性，而职业教育课程与教材是提高职业教育办学质量和适应性的关键所在。华中科技大学出版社计划出版的"高职高专'十四五'规划学前教育专业新标准实践型示范教材"，正好回应了我国学前教育事业发展之所急和职业教育事业发展之所需。本人受邀作为本套教材的总主编，深感荣幸且责任重大。经过与出版社深度沟通、市场调研和全国学前专业相关院校教师专家的研讨，本套教材试图实现以下六个方面的创新与突破。

第一，坚持立德树人，创新教材理念。本套教材以培养高素质专业化幼儿园教师为目标，坚持教材的思想性和先进性，把社会主义核心价值体系有机融入教材，精选对培养优秀幼儿园教师有重要价值的课程内容，将学前教育领域的前沿知识、教育改革和教育研究最新成果充实到教学内容中，加强中华优秀传统文化的渗透与融入，实现课程思政一体化，立德树人，德技并修。本套教材注重引导学习者树立正确的儿童观、教师观、教育观和长期从教、终身从教信念，塑造未来教师的人格魅力；加强职业道德教育和职业态度与行为的养成；着力培养学习者的社会责任感、创新精神和实践能力。

第二，分层分类设计，优化教材体系。本套教材从"教育信念与责任、教育知识与能力、教育实践与体验"三个维度，按照国家《教师教育课程标准（试行）》对幼儿园教师教育课程的要求，设计了"人文素养与思政类、保教理论与实践类、教师技能与艺术类"共三个层次47本教材，分别着重培养学习者的人文科学素养与师德理念、幼儿园保育与教育职业能力以及幼儿园教师教育素养与艺术素养；强化教育实践环节，加强职业技能训练内容，编写教育见习、实习和研习手册，提供名师优秀教学案例；坚持育人为本，促使学习者"德、才、能、艺"全面发展，人才培养目标从促进就业、创业转变为促进人的全面发展和专业职业的可持续发展。

第三，"课、岗、证、赛"并重，精选教材内容。本套教材的大纲与内容、拓展练习与教学资源库，均依据我国幼儿园教师职前和职后教育、幼儿园教师职业与岗位准则、幼儿园教师资格制度等方面的相关法规，实现"课、岗、证、赛"一体化。每本教材坚持职前教育和职后培训贯通设计。在全面夯实学习者专业知识与能力的基础上，注重学习者职业道德与能力的培养和从业态度与行为的养成教育。另外，教材注重课前、课中与课后的整体设计，课前预习相关学习资源，课中精讲关键知识点，课后链接"课、岗、证、赛"相关练习，以利于学习者巩固所学内容并学以致用，提升学习者的专业与职业综合素质以及职业与岗位适应能力，实现终身学习和毕生发展。

第四，以生为本引导学习，完善教材体例。本套教材从"教"与"学"两个角度设置教材体例，使其符合学习者的学习、内化直至实践应用的规律，具有启发引导性，也充分考虑了教材面向的主体——高职高专学生的学习特点，内容编排由浅入深，理论与实践并重，努力做到"教师好教，学生好学"；注重培养学习者对学前教育学科知识的理解和感悟，设计模拟课堂、情境教学、案例分析、技能训练、教学竞赛等多样化的教学方式，增强学习者的学习兴趣，提高学习效率，使其实现学习能力、实践能力和创新能力的三重提升。

第五，数字技术强力支撑，丰富教材形式。本套教材注重将信息技术作为基础条件与支撑，构建丰富多彩、高质量的电子资源库，努力实现课程与教学资源的共建共享；实现"互联网+教育"和教材形态的多样化与电子化，将纸质媒介和电子媒介相结合，创设数字化的教育教学情境。教材中穿插大量数字资源二维码，引导学习者在课前和课后拓展学习海量专业知识，培养学习者的数字化教育能力和数字化学习能力，做新时代高素质的数字化教育者和学习者。针对幼儿园管理与保教的特点，本套教材尤其注重提升学习者的信息素养和利用信息技术进行保育与教育、安全风险防控和质量管理的能力。

第六，"校、社、产、教"多元合作，确保教材质量。为确保教材质量，特聘请全国开设学前教育专业的高职高专院校、本科高校推荐遴选教学经验丰富、有影响力的专家和一线骨干教师担任每本教材的主编和副主编，拟定教材编写体例，给出教材编写样章，同时参与审定大纲、样章，总体把控书稿的编写进度与品质。参与的作者分别来自高校、行业领域和实践一线，来源广泛而多元，实现了"校、社、产、教"不同领域人员的协同创新与深度合作。

当然，以上六个方面只是本人作为总主编对这套教材的美好期待与设想，这些想法能否真正得以实现和彰显，有赖于所有参编人员和编辑的共同努力，也有待广大读者的审读与评判。在本套教材编写的过程中，我们参阅、借鉴和引用了国内外大量学术成果和教研教改案例。科研成果为本套教材提供了学术滋养，而实践经验与案例展示了当前我国学前教育改革与发展的生动样态，在此一并表示感谢。书中如有疏漏和不妥之处，敬请各位读者批评指正。

最后，我谨代表本套教材的所有编委和作者，衷心感谢本套教材的策划者——华中科技大学出版社人文社科分社社长周晓方，周社长对学前教育充满热情和信心，为本套教材的编写、出版和发行倾注了大量心血；还要感谢本套教材的策划编辑袁文娣和其他各位编辑及相关工作人员。我们基于教材的首次合作渐趋默契和融洽。让我们携手共进，继续为我国学前儿童的福祉和学前教育事业的健康可持续发展奉献智慧与力量！

武汉桂子山·华中师范大学教育学院

2023年5月

preface
前　言

为贯彻落实2021年10月中共中央办公厅、国务院办公厅印发的《关于推动现代职业教育高质量发展的意见》指示精神，在深化教育教学改革方面，提出了要"改进教学内容与教材"，具体指出要"完善'岗课赛证'综合育人机制""将新技术、新工艺、新规范、典型生产案例及时纳入教学内容"。为进一步加强职业教育优质教材建设，根据学前教育专业发展特点，以及《中华人民共和国家庭教育促进法》对家庭教育的重视，我们编写了本教材，力求将学科的理论知识与实际案例相结合，帮助学生理解和应用知识。

本教材坚持"为党育人""为国育才"的人才培养方针，以《幼儿园教育指导纲要（试行）》《3~6岁儿童学习与发展指南》《幼儿园保育教育质量评估指南》《幼儿园工作规程》《幼儿园教师专业标准（试行）》为指导纲领，从学习目标到活动实施、从理论知识到实践技能进行全程指导。具体表现在以下四个方面。

1. 全程思政，以德铸魂

本教材根据课程内容和特点，八个项目对接八个课程思政案例，以培养"四有"好老师、人格健全的幼儿园教师为教学主线，充分体现了有理想信念、有道德情操、有扎实学识、有仁爱之心的价值导向，将思政元素融入学习目标、情境导入、案例分析过程中，充分彰显了以德育人的引领作用。

2. 数字资源，凸显主动

本教材以线上学习为载体，强调个性化学习。根据高职高专学生基础不同的特点，重视调动学生学习的积极性、主动性，激发其自主学习的内驱力。拓展资源，拓宽了知识视野；视频资源，强化了实践技能。对于书中丰富的数字资源，学生通过扫一扫，可引领他们进一步深入思考、深度学习、解决问题。

3. 岗课赛证，提升能力

为突出"按照生产实际和岗位需求设计开发课程，开发模块化、系统化的实训课程体系，提升学生实践能力"，根据学前教育专业标准、人才培养方案，本教材结合幼教工作岗位特点，实训中融入"1+X"幼儿照护、教师资格证考试、幼儿教师职业技能大赛等内容，穿插案例进行分析、讨论，切实提升学生的教育教学能力。

4. 家园共育，形成合力

本教材的教学宗旨是促进学前儿童身心健康发展，为培养其健全人格打下坚实的基础。在学前儿童生活自理能力、行为习惯养成等方面，家长和幼儿园要达成共识，方向一致、观点统一、引导同步。本教材中部分案例的解答正是对"家园合作""共同教育"的精准解读。

本教材主编为湖北职业技术学院王会明、合肥幼儿师范高等专科学校侯晓磊、华中科技大学出版社袁文娣，副主编为黄冈职业技术学院阮娟、湖北孝感美珈职业学院余轶夫、湖北孝感美珈职业学院黄畅、三峡旅游职业技术学院邓凡、北京市朝阳区教育科学研究院向小英。本教材具体分工如下：项目一由王会明撰写；项目二由袁文娣撰写；项目三由黄畅撰写；项目四由阮娟撰写；项目五由侯晓磊撰写；项目六由向小英、李春光撰写；项目七由邓凡撰写；项目八由余轶夫撰写。余轶夫、黄畅为本教材提供了思政案例；北京青年政治学院李春光为本教材提供了部分数字资源；华中师范大学幼儿园、黄冈师范学院附属幼儿园、北京朝阳区丽景幼儿园、湘南幼儿师范高等专科学校附属幼儿园、河北省遵化市人民医院、北京市朝阳区教育科学研究院为本教材提供了部分案例、拓展资源材料、微课视频资料、实践与实训资料。全书最后由王会明和袁文娣统稿。

在此感谢华中科技大学出版社的信任，感谢编写组各位成员的全力以赴、通力合作。

在编写本教材的过程中，编者引用和借鉴了许多国内外同行的最新研究成果，并参考了许多有关的书籍、资料，在此对这些书籍和资料的原作者表示衷心的感谢！此外，还引用了许多案例，有的是编者根据真实事件改编而成，有的则是来自互联网和一些非正式出版物，由于无法与原作者取得联系以及无法查证真实原作者等原因，若涉及版权问题，敬请原作者与我们取得联系，在此，也对这些案例资源的原作者深表感谢！

由于编写时间仓促，编者能力和水平有限，书中难免存在不足之处，敬请各位同行专家和读者不吝批评指正。

2024 年 3 月

目录

项目一 学前儿童健康教育概述 1

任务一 认知学前儿童健康教育 1
一、健康的含义 1
二、学前儿童健康的含义 2
三、学前儿童健康的标志 3
四、影响学前儿童健康的因素 4
五、学前儿童健康教育的含义 5

任务二 熟知学前儿童健康教育评价 6
一、学前儿童健康教育评价的含义 7
二、学前儿童健康教育评价遵循的原则 7
三、学前儿童健康教育评价的实施步骤 8
四、学前儿童健康教育评价的类型 10

任务三 设计学前儿童健康教育活动 11
一、小班活动设计 11
二、中班活动设计 12
三、大班活动设计 14

项目二 学前儿童健康教育的基本问题 20

任务一 明确学前儿童健康教育的目标 20
一、学前儿童健康教育的总目标 21
二、学前儿童健康教育的年龄段目标 22
三、学前儿童健康教育的具体活动目标 26

任务二　熟知学前儿童健康教育的内容 　　28
一、《纲要》中健康领域的内容与要求 　　28
二、学前儿童健康教育的具体内容 　　28

任务三　掌握学前儿童健康教育的实施途径与活动设计 　　33
一、学前儿童健康教育的实施途径 　　33
二、学前儿童健康教育的活动设计内容 　　36
三、学前儿童健康教育活动设计 　　37

项目三　学前儿童安全教育 　　46

任务一　认知学前儿童安全教育 　　47
一、学前儿童安全教育的目标 　　47
二、学前儿童安全教育的内容 　　47

任务二　掌握学前儿童安全教育的实施途径与活动设计 　　50
一、学前儿童突发意外伤害事故的原因 　　50
二、学前儿童安全教育的实施途径 　　51
三、学前儿童安全教育的实施方法 　　53
四、学前儿童安全教育活动设计 　　53

项目四　学前儿童生活自理能力教育 　　62

任务一　认知学前儿童生活自理能力教育 　　63
一、学前儿童生活自理能力教育的含义 　　63
二、学前儿童生活自理能力教育的目标 　　63
三、学前儿童生活自理能力教育的内容 　　64

任务二　掌握学前儿童生活自理能力教育的实施途径与活动设计 　　66
一、学前儿童生活自理能力教育的实施途径 　　66
二、学前儿童生活自理能力教育的实施方法 　　68
三、学前儿童生活自理能力教育活动设计 　　69

项目五　学前儿童饮食与营养教育 　　79

任务一　认知学前儿童饮食与营养教育 　　80
一、营养与健康的关系 　　80
二、学前儿童饮食与营养教育 　　83
三、学前儿童饮食与营养教育的意义 　　84
四、学前儿童饮食与营养教育的目标 　　85
五、学前儿童饮食与营养教育的内容 　　88

任务二　掌握学前儿童饮食与营养教育的实施途径与活动设计 　　90
一、学前儿童饮食与营养教育遵循的原则 　　90
二、学前儿童饮食与营养教育活动设计的基本要求 　　91

		三、学前儿童饮食与营养教育活动的教学方法	92
		四、学前儿童饮食与营养教育活动的实施途径	95
		五、学前儿童饮食与营养教育活动设计	98

项目六　学前儿童疾病预防教育　　108

任务一　认知学前儿童疾病预防教育　　109
一、疾病概述　　109
二、疾病预防概述　　110
三、学前儿童疾病预防教育的含义　　112

任务二　明确学前儿童疾病预防教育的目标和内容　　112
一、学前儿童疾病预防教育的目标　　112
二、学前儿童生病的基本表现　　113
三、学前儿童常见病及预防　　114
四、学前儿童常见传染性疾病及预防　　122

任务三　掌握学前儿童疾病预防教育的实施途径与活动设计　　124
一、学前儿童疾病预防教育的实施途径　　125
二、学前儿童疾病预防教育活动设计　　127

项目七　学前儿童体育教育　　136

任务一　认知学前儿童体育教育　　137
一、学前儿童体育教育的含义　　137
二、学前儿童体育教育的意义　　138

任务二　明确学前儿童体育教育的目标和内容　　139
一、学前儿童体育教育的目标　　139
二、学前儿童体育教育的内容　　139

任务三　掌握学前儿童体育教育的实施途径与活动设计　　145
一、学前儿童体育教育的实施途径　　145
二、学前儿童体育教育应注意的问题　　147
三、学前儿童体育教育活动设计　　148

项目八　学前儿童心理健康教育　　158

任务一　认知学前儿童心理健康教育　　159
一、心理健康的标准　　159
二、学前儿童心理健康的标准　　159
三、学前儿童心理健康教育的含义　　160
四、学前儿童心理健康教育的目标　　160
五、学前儿童心理健康教育的内容　　162

任务二　掌握学前儿童心理健康教育的实施途径与活动设计　164
一、学前儿童心理健康教育遵循的原则　164
二、学前儿童心理健康教育的实施途径　165
三、学前儿童心理健康教育活动设计　167

参考文献　175

数字资源目录

微课视频　《健康的重要性》	2
拓展资源　"世界卫生组织（WHO）的十条健康标准"	2
拓展资源　"成就更好的自己"	3
拓展资源　"医疗卫生法律和医疗卫生法规"	5
拓展资源　《中华人民共和国基本医疗卫生与健康促进法》	6
拓展资源　《幼儿园保育教育质量评估指南》	7
拓展资源　"问卷法的类型"	9
拓展资源　"幼儿健康教育评价表"	9
思考与练习参考答案（项目一）	17
微课视频　《我爱洗手》	17
拓展资源　《幼儿园教育指导纲要（试行）》	22
拓展资源　《3~6岁儿童学习与发展指南》	25
拓展资源　"火灾来了，我不怕"	30
拓展资源　"体育游戏活动案例'滚筒变变变'"	32
思考与练习参考答案（项目二）	44
实践与实训参考答案（项目二）	44
微课视频　《防火安全》	48
微课视频　《灭火器的使用方法》	48
微课视频　《用电安全常识》	49
微课视频　《不做孤"泳"者，防"溺"于未然》	49
微课视频　《防震知识》	49
微课视频　《科学避震，保护生命》	49
微课视频　《上下楼梯的安全》	49
拓展资源　"幼儿园一般安全事故的救治策略"	50
微课视频　《烫伤处理》	50
微课视频　《海姆立克急救法》	51
微课视频　《心肺复苏法》	51
拓展资源　"学前儿童安全教育的实施方法"	53
思考与练习参考答案（项目三）	59
拓展资源　"最近发展区"	64

微课视频	《换牙啦》	66
微课视频	《如果不洗手》	68
拓展资源	《小猪变干净了》	69
思考与练习题参考答案（项目四）		76
微课视频	《人民教育家，巾帼英雄——于漪》	78
拓展资源	《中国居民膳食指南（2022）》	81
拓展资源	《不爱吃青菜的小满》	84
拓展资源	"习近平总书记论卫生和健康工作"	85
拓展资源	"学前儿童饮食与营养教育活动设计的基本要求"	91
拓展资源	《蔬菜那些事》	94
微课视频	《学会使用筷子》	95
微课视频	《"1+X"证书"幼儿照护（进餐指导）"》	96
拓展资源	"《鬼鬼盯着你》PPT课件"	101
拓展资源	"学前儿童饮食与营养教育中其他应注意的问题"	104
思考与练习参考答案（项目五）		105
拓展资源	"常见疾病的种类"	109
政策文件链接	《国务院关于实施健康中国行动的意见》（节选）	111
拓展资源	"疾病预防的意义"	111
政策法规链接	《健康中国行动（2019—2030年）》（节选）	112
拓展资源	"急性支气管炎的病因、症状、护理和预防"	115
拓展资源	"支原体肺炎的病因、症状、护理和预防"	116
拓展资源	"支气管哮喘的病因、症状、护理和预防"	116
拓展资源	"如何防治秋冬呼吸道疾病？"	116
拓展资源	"过敏性鼻炎的病因、症状、护理和预防"	118
拓展资源	"龋齿的病因、症状、护理和预防"	118
拓展资源	《儿童青少年近视防控适宜技术指南（更新版）》	119
拓展资源	《0～6岁儿童眼保健核心知识问答》	119
拓展资源	"荨麻疹的病因、症状、护理和预防"	120
微课视频	《国家卫生健康委在线访谈"肥胖防控，从娃娃抓起"》	121
政策法规链接	《全国流行性感冒防控工作方案（2020年版）》	123
政策法规链接	《流行性感冒诊疗方案（2020年版）》	123

拓展资源 "流行性腮腺炎的病因、症状、护理和预防"	123
拓展资源 "麻疹的病因、症状、护理和预防"	123
拓展资源 "手足口病的病因、症状、护理和预防"	124
活动案例 "感冒真难受"	125
活动案例 "我给水果宝宝来洗澡"	125
活动案例 "哎呀,生病了"	126
拓展资源 "学前儿童疾病预防教育实施的注意事项"	127
政策法规链接 《国家卫生健康委关于贯彻2021—2030年中国妇女儿童发展纲要的实施方案》	127
思考与练习参考答案(项目六)	134
政策法规链接 《幼儿园工作规程》	138
活动案例 "小兔子,跳呀跳"	141
活动案例 "小乌龟旅行记"	142
微课视频 《滚筒变变变》	146
活动案例 "斗鸡大作战"	147
活动案例 "勇闯独木桥"	147
思考与练习参考答案(项目七)	155
拓展资源 "大学生心理健康的标准"	159
拓展资源 "会爱才是真爱"	162
拓展资源 "尴尬事情的应对策略"	163
拓展资源 "奶奶的成果"	163
拓展资源 "抢玩具的冲突"	164
拓展资源 "在学前儿童心理健康教育中,教师应注意的问题"	167
思考与练习参考答案(项目八)	173
微课视频 《生命缘》	174

项目一　学前儿童健康教育概述

◇学习目标

素质目标：树立正确的健康与健康教育意识，培养热爱自己、热爱生命、热爱生活的健康情绪和情感；形成正确的人生观、世界观和价值观，在平凡的工作岗位中实现人生价值。

知识目标：了解健康、健康教育的含义及学前儿童健康教育评价的意义；理解学前儿童健康的标志，掌握影响学前儿童健康的因素；掌握学前儿童健康教育评价的步骤及方法。

能力目标：能够采取不同的学前儿童健康教育组织形式，促进学前儿童健康快乐成长；能够设计学前儿童健康教育评价表。

◇情境导入

某一天幼儿园放学离园的时候，玲玲的外婆跟小班胡老师说："玲玲只要来幼儿园上学，没过几天就会生病。请假带她去医院看了医生后，休息几天就又好了，然后再去幼儿园，过几天又生病了。胡老师，这是怎么回事呢？您有什么好的建议吗？"

案例中，玲玲去幼儿园上学，没过几天就生病了，回家休息几天就好了，来回反复，家长弄不明白。作为幼儿园教师，你如何解释呢？健康指的是什么？影响学前儿童健康的因素有哪些？通过本项目的学习，你会找到答案。

任务一　认知学前儿童健康教育

  健康的含义

党的十八大以来，习近平总书记高度重视人民的健康安全，曾指出，人民的幸福生活一个最重要的指标就是健康，健康是1，其他的都是后边的0，1没有了，什么都没有了。这是对健康精辟的解读，充分体现了习近平总书记始终把人民的健康放在第一位的宗旨，始终把人民的生命和安全放在首要位置，健康对一个人来说，是多么的重要啊！

微课视频
《健康的重要性》
扫码学习健康的重要性。"人民的幸福生活，一个最重要的指标就是健康。"习近平总书记是全民健身的倡导者、引领者和实践者。让我们一起重温习近平总书记重视全民健身、关心人民健康的温暖瞬间。

当今社会，人们已经越来越重视健康。以往人们普遍认为"健康就是没有病的，有病就是不健康的"。随着科学的发展和时代的变迁，生物医学模式的局限性，已不能阐明人类健康和疾病的全部本质，人们也逐步认识到疾病的治疗不能单凭药物或手术。"生物-心理-社会医学"模式告诉我们，人是一个完整的个体，包括身、心两方面，它们之间是互相联系、互相作用的。譬如，环境的改变、人的心情状况、个人生活方式等，都会影响到一个人的健康。健康已不再仅仅是指四肢健全，无病或虚弱状态，也就是说除身体本身健康外，还需要精神上有一个完好的状态。

世界卫生组织（WHO）对健康进行了定义，健康除身体、心理、社会适应良好外，还要加上道德健康。健康不仅仅是指没有疾病或病痛，而且是一种躯体上、精神上和社会上的完全良好状态。也就是说，健康的人要有强壮的体魄、乐观向上的精神状态，并能与其所处的社会及自然环境保持协调的关系。

可见，健康不仅仅是指身体健康、心理健康，而且还包括社会适应良好和道德健康。

拓展资源
"世界卫生组织（WHO）的十条健康标准"
扫码了解世界卫生组织（WHO）2000年提出的十条健康标准。

二 学前儿童健康的含义

学前儿童健康是指学前儿童各个器官、组织生长发育正常，没有明显的生理缺陷，能较好地抵抗各种疾病；性格活泼开朗，乐于与同伴交往，情绪乐观，能较快地适应环境，且无偏差行为。学前儿童健康包括身体健康、心理健康、社会性健康、道德健康四个层面。

身体健康是指学前儿童生长发育正常，符合该年龄段发展特点，能够抵抗各种疾病，它是学前儿童健康的基本条件。

心理健康是指学前儿童情绪稳定、愉快，认知发展良好，喜欢探究，能较好地适应各种环境等，它是学前儿童健康的动力源泉。

社会性健康是指学前儿童乐于与人交往，乐于与同伴一起玩游戏等，且有初步的规则意识，有分享、合作、互助等品质，它是学前儿童健康的具体体现。

道德健康是指学前儿童能遵守社会规则和规范，知道真善美、假丑恶等，做一个有益于社会的人，它是学前儿童健康的重要保证。

三 学前儿童健康的标志

学前儿童健康的标志主要分为生理健康和心理健康两个方面。

（一）生理健康

生理健康是指学前儿童各个器官、组织生长发育良好，没有生理缺陷，能有效抵抗各种急、慢性疾病，体质不断增强。

1. 生长发育状况

学前儿童的各项体格发育指标、生理机能指标、生化指标都要符合健康标准，如睡眠好、食欲好等。

2. 机体的对内、对外的适应能力

学前儿童对疾病的抵抗能力，能较好地适应冷、热环境的能力等，如不容易生病、对夏天和冬天的环境变化的适应状况等。

3. 体能发展状况

学前儿童机体的活动能力，如抬头、翻身、坐、爬、站立、走、跑等，动作发展正常；体能动作的协调性、平衡性好，如走、跑动作协调、平稳；手眼协调能力发展好等。

（二）心理健康

心理健康是指学前儿童情绪愉快，积极向上，乐于到大自然中去玩耍、探究，乐于与同伴游戏、活动，能较快地适应环境，且没有偏差行为。具体表现为以下四点。

一是认知发展正常，喜欢在大自然中去感知、探究，兴趣广泛。

二是情绪反应适度，积极健康向上，有良好的依恋关系，幸福感、安全感足。

三是同伴关系融洽，愿意与同伴一起游戏、活动。

四是性格特征良好，没有严重的心理健康问题等。

拓展资源
"成就更好的自己"
扫码了解如何成就更好的自己。

四 影响学前儿童健康的因素

一个完整的个体同时具有生物学属性和社会学属性。因此在研究影响一个人的健康因素时，不仅要关注其生物学因素，而且还要考虑其社会学因素。虽然学前儿童还处在生长发育、心智发育不成熟时期，但是学前儿童也是一个独立的个体，因此学前儿童健康也会受生物学和社会学因素的影响。

简言之，影响学前儿童健康的因素既有生物学因素，也有社会学因素，各因素之间互相联系、互相制约、互相影响。其中生物学因素包括遗传、生理、疾病因素等；社会学因素包括自然环境、社会环境、医疗卫生服务等。

（一）生物学因素

生物学因素为学前儿童的健康发展提供了前提条件，对学前儿童的健康产生重大影响。它主要包括遗传因素、生理因素、疾病因素等。

1. 遗传因素

一个人生长发育的特征、潜力、趋向等都受父母双方遗传因素的影响，如父母的身高、肤色、气质类型、免疫力等。"龙生龙，凤生凤，老鼠的儿子会打洞"说的就是遗传特性。父母爱好运动，学前儿童也会跟着喜欢运动，既有一定的遗传作用，也有潜移默化的引领作用。

2. 生理因素

如果学前儿童的机体受到损伤或者某一部分发育不成熟，都会影响学前儿童的生长发育，同时也不利于学前儿童的心理成长。例如，幼儿听力出现问题，直接影响幼儿的交往、沟通；幼儿生病后，有的药物过量使用会对其机体产生伤害，严重情况下甚至会危及生命；等等。饮食与营养、不良的生活方式和习惯等都对学前儿童的健康产生影响。

3. 疾病因素

病变、外伤、中毒等有的会引起学前儿童神经系统，特别是脑的损伤，会导致学前儿童的生理活动失常，有的会引起机体，特别是各内脏器官的器质性或功能性发生改变。这些既影响了学前儿童的生理功能，又对学前儿童的心理产生了一定的影响。

（二）社会学因素

社会学因素不仅为学前儿童健康提供了生存条件，而且还为学前儿童的社会化起到了推动作用。它包括自然环境、社会环境、医疗卫生服务等。

1. 自然环境

自然环境中阳光、空气、水等既能维持学前儿童正常的生命活动，又能使学前儿童身心获得愉悦感。学前儿童在阳光明媚的大自然中，呼吸新鲜空气，玩耍、观察动植物等，能够尽情地享受大自然带给他们的美好和快乐。

可见，充足的阳光、新鲜的空气、清洁的水源、合理的膳食、安全的设施等都是保证和促进学前儿童健康的重要条件。

2. 社会环境

学前儿童的健康不仅受自然环境的影响，而且也受社会环境的影响，如政治、经济状况、文化背景、职业、教育、家庭，等等。其中对学前儿童影响较大的主要有家庭、托幼机构和社区。

对于家庭而言，家庭的诸多因素都会对学前儿童的身心健康带来影响，有的是积极的影响，有的是消极的影响，如父母的养育方式（民主型、控制型、溺爱型、放任型等）、家庭的氛围、父母的性格等。良好的家庭氛围能促进学前儿童健康成长，粗暴的、吵架的、控制型的家庭会伤害学前儿童，有的可能导致学前儿童的心理扭曲，长大后发展为人格障碍。

对于托幼机构而言，教师的人格魅力、同伴之间的交往、合适的教育方法、学前儿童行为习惯的养成等，都会对学前儿童的身心发展产生一定的影响。

对于社区而言，良好的社区环境有利于学前儿童健康成长，如邻里之间和睦相处，社区组织的各种有益活动等。

3. 医疗卫生服务

医疗卫生服务能有效地保障人民群众的卫生条件和健康水平。

国家医疗卫生服务体系主要是国家为了人民的健康福祉，以预防疾病，增进健康为目的设立的一系列机构。医疗卫生也称为医疗卫生事业或医疗卫生服务，包括国家与社会为保障和提高人民的健康水平、诊治疾病而建立的法制体系、组织体系、服务体系和服务过程等。

医疗卫生是公共卫生和医疗服务的统称，涉及社会公共卫生服务、医疗服务、健康促进服务以及与这些服务相关的保障体系、组织管理和监督体系等。

拓展资源
"医疗卫生法律和医疗卫生法规"
扫码了解、学习医疗卫生法律和医疗卫生法规。

五 学前儿童健康教育的含义

（一）健康教育的含义

健康教育是指教育者对教育对象实施的有目的、有计划、有组织地促进健康的教育活动，教育对象自觉地采纳有益于健康的行为和生活方式，消除或减轻影响健康的危险因素，预防疾病，促进健康，提高生活质量，并对教育效果作出评价。

健康教育的核心是教育人们树立健康意识，促使人们改变不健康的行为和生活方式，养成良好的行为和生活方式，以减少或消除影响健康的危险因素。通过健康教育，能帮助人们了解哪些行为是健康的，哪些行为是影响健康的，并能自觉地选择有益于健康的行为和生活方式。

简言之，健康教育就是以传授健康知识、建立卫生行为、改善环境为核心内容的教育。

（二）学前儿童健康教育

1. 学前儿童健康教育的概念

根据3~6岁学前儿童身心发展的特点，以维护和促进学前儿童健康为核心目标而开展的一系列有目的、有计划、有组织的教育活动，即是以提高学前儿童的健康认识，改变学前儿童的健康态度，培养学前儿童的健康行为为目的。

2. 学前儿童健康教育的组织形式

（1）一日生活中的健康教育。

它是学前儿童健康教育很重要的一种组织形式，能有效促进学前儿童健康行为的养成，如入园晨检、早操、早餐、盥洗、午睡、游戏、离园等，每一个环节都包含着健康教育的内容，健康教育无处不在。

（2）健康教育的教学活动。

第一，健康教育活动课。一节课的教学设计，如活动目标的确定与内容的选择、教学活动的设计、教案的书写、课后反思，等等，都对提高学前儿童健康认识，改善健康态度，形成良好的健康行为习惯等起着引领、推动作用。

第二，主题教育活动。它是以健康教育内容为主题，将其他各领域有机融入的一种组织形式。也可以将健康教育理念融入主题活动中，充分体现"玩中学，学中玩"的教育理念。

拓展资源
《中华人民共和国基本医疗卫生与健康促进法》

扫码了解《中华人民共和国基本医疗卫生与健康促进法》颁布的时间以及全民健身日。

任务二　熟知学前儿童健康教育评价

2022年2月，教育部印发的《幼儿园保育教育质量评估指南》中强调了评估指导思想："完善以促进幼儿身心健康发展为导向的学前教育质量评估体系，切实扭转不科学的评估导向，强化评估结果运用，推动树立科学保育教育理念，全面提高幼儿园保育教育水平，为培养德智体美劳全面发展的社会主义建设者和接班人奠定坚实基础。"因此，学前儿童健康教育评价也应该以此为方向，"坚持正确方向，坚持儿童为本，坚持科学评估，坚持以评促建"四条基本原则。"完善评估内容，突出评估重点，改进评估方式，切实扭转'重结果轻过程、重硬件轻内涵、重他评轻自评'等倾向。充分发挥评估的引导、诊断、改进和激励功能，注重过程性、发展性评估，引导办好每一所幼儿园，促进幼儿园安全优质发展。"

拓展资源
《幼儿园保育教育质量评估指南》
扫码了解《幼儿园保育教育质量评估指南》。

一 学前儿童健康教育评价的含义

学前儿童健康教育评价就是在系统地、科学地和全面地收集、整理学前儿童健康教育信息的基础上，对学前儿童健康教育的个人价值和社会价值作出判断的过程。该评价包括对教师、工作人员和学前儿童的评价；也包括对学前儿童健康教育活动课的评价；还包括对幼儿园膳食管理、安全教育的评价；等等。比如，学前儿童生长发育状况的评价、一日生活中行为习惯养成的评价、一节课的评价、饮食营养状况的评价等。

学前儿童健康教育评价的意义在于，学前儿童健康教育的计划是否可行、科学，是否符合学前儿童的身心发展特点、要求；通过健康教育活动，学前儿童的健康态度和健康行为是否发生了改变，是否达到了预期目标；通过评价，有利于上级机关（教育部门、卫生健康委等）或同行专家对幼儿园健康教育工作的监督和指导，从而提高幼儿园的保教质量。

二 学前儿童健康教育评价遵循的原则

（一）客观性原则

客观性原则就是评价者不能凭主观臆断，以个人喜好参与评价，评价标准要一致、统一，且科学、客观、公正。

（二）目的性原则

评价要有目的性，目标是否达成，注重评价的实际效果。评价的对象是教师还是学前儿童；评价的是一节健康课的教学成效还是行为习惯的养成情况；评价的是学前儿童的发育水平还是疾病状况（患病率）等。

（三）灵活性原则

评价的方法要多样化、灵活处理。不同情况下采用不同的方法，也可以多种方式互相结合，如定量与定性相结合，绝对评价与相对评价相结合等。例如，一日生活中，通过连续自然观察，了解教师与学前儿童互动、学前儿童之间互动的情况，准确判断对养成学前儿童的行为习惯所做的努力与支持状况。

（四）指导性原则

评价应与指导相结合。评价的最终目的是提高学前儿童的健康水平。在肯定取得成绩的同时，也要找出存在的不足与问题，并提出合理化建议，撰写改进方案，促进学前儿童健康成长。

三 学前儿童健康教育评价的实施步骤

（一）评价前的准备工作

1.组织准备工作

评价工作开展前应组成园外专家团队和园内评价团队。其中，园外专家团队由教育局、卫生健康委、行业专家等组成；园内评价团队由园长、副园长、主任、骨干教师、一般教师、保健医生等组成。

2.评价方案准备

（1）评价内容的确定。

《幼儿园保育教育质量评估指南》中指出了评估内容必须"坚持以促进幼儿身心健康发展为导向，聚焦幼儿园保育教育过程质量"。在保育与安全方面，强调了卫生保健、生活照料、安全防护等三项关键指标，旨在"促进幼儿园加强膳食营养、疾病预防、健康检查等工作，建立合理的生活常规，强化医护保健人员配备、安全保障和制度落实，确保幼儿生命安全和身心健康"。

评价内容的确定是评价的先决条件，如一节健康教育活动课的评价、行为习惯的养成评价等。一节健康教育活动课一般有活动目标、活动准备、活动重难点、活动过程（开始部分、基本部分、结束部分或活动延伸）四个教学环节和一个课后反思部分，针对教学活动的组织、师幼互动、家园共育等进行评价。

（2）评价方法的选用。

根据具体的评价内容，选择合适的评价方法。

第一，观察法。观察法是研究者根据特定的研究目的和提纲，使用感官和辅助工具直接观察被研究对象，以获取数据和信息的方法。

观察法的特点包括目的性、计划性、系统性和可重复性，并且它可以在实验室或实地环境中进行。观察法不仅限于观察个体的行为和表情，还可以包括对社会现象的观察和分析。

观察法的优点是在自然状态下的观察，能获得生动的资料；不需要其他中间环节，能获得真实的资料；具有及时性的特点，能捕捉到正在发生的现象。观察法的缺点是受时间和观察对象的限制，有时难以捕捉到需要的资料；也受观察者自身因素影响，观察的结果偏主观性。

第二，问卷法。问卷法是设计者运用统一设计的问卷向被调查者了解情况或征询意见而收集信息的调查方法。所谓问卷是一组与研究目标有关的问题，或者说是一份为进行调查而编制的问题表格，又称调查表。问卷调查是指通过制定详细周密的问卷，要求被调查者据此进行回答以收集资料的方法。

问卷法的形式是以问题的形式系统地记载调查内容的一种方法，其实质是为了收集人们对于某个特定问题的态度行为、价值观点或信念等信息而设计的一系列问题。

问卷法的优点是成本低、速度快，时间和经费方面的投入相对较少，适用于大规模的调查；可以保护被调查者的隐私，使得调查结果相对客观。问卷法虽然在成本、速度和调查范围方面具有优势，但在问题设计、样本代表性、调查效果和被调查者的合作程度上存在一定的局限性。

教师为了了解幼儿在家的生活卫生习惯可以采用问卷法，将问卷发放给家长，由家长作答。

拓展资源
"问卷法的类型"
扫码了解问卷法的类型。

第三，访谈法。访谈者根据调查研究所确定的目的、要求，按照访谈提纲或问卷，通过个别访谈或集体交谈的方式，系统而有计划地收集资料的方法。

随着信息化的日益发展，访谈形式也在发生变化。可采取面对面的直接访谈形式，也可以采取电话访谈、网上交流的间接访谈形式。

访谈法的优点是灵活、准确、深入；其缺点是成本高、缺乏隐秘性、记录困难、处理结果较难。

第四，作品分析法。作品分析法又叫产品分析法，是对调查对象（明确总体和样本）的各种作品，如笔记、作业、日记、文章等进行分析研究，了解情况，发现问题，把握特点和规律的方法。

作品分析法需要有明确的目的和计划，对要分析的作品要确定范围、分析的重点。作品分析法多用于个案研究或群体的心理品质和个性特征等方面的研究。

作品分析法的优点是指标明确、容易控制信息，便于统计，非接触式避免了掩蔽现象；但是作品是静态的，偏主观性，研究对象的个体差异性大，花费时间长。

这是幼儿园教师常用的一种方法。教师确定一个主题，幼儿按照一定的预定程序完成作品，教师对幼儿的作品（绘画、舞蹈、泥塑、拼搭、讲故事等）进行分析，获取信息，对幼儿的发展作出评价的一种研究方法。

（3）评价表格的设计。

拓展资源
"幼儿健康教育评价表"
扫码学习、掌握"幼儿健康教育评价表"。

（二）评价活动的实施

表格的发放；收集资料；处理评价信息；撰写评价报告（评价活动的优良程度）。

（三）评价结果的处理

帮助被评价者认识到取得的成绩和存在的主要问题；与被评价者共同分析产生问题的根源，可以为其提供选择性意见，促进学前儿童健康教育水平的提高，最终目标是促进学前儿童健康成长。

四 学前儿童健康教育评价的类型

学前儿童健康教育评价的类型和方法较多。维度不一样，评价类型也不一样。评价者应根据具体情况，选择合适的类型和方法，多种方法要融会贯通；要用发展的眼光，客观、公正地评价幼儿的健康认知、健康态度和健康行为。

学前儿童健康教育评价具体可分为以下几种类型。

（一）从定量和定性维度看，可分为定量评价和定性评价

1. 定量评价

采用数学方法进行定量计算或数字描述的评价，如生长发育的情况，体重、头围、胸围、皮下脂肪层厚度等采用定量评价。

2. 定性评价

对不便量化的评价对象，采用定性的评价方法作出价值判断，如情绪（高兴、快乐、生气）、幼儿每一学期的表现情况（评语）等则可以采用定性评价。

（二）从评价功能及运行时间看，可分为诊断性评价、形成性评价和总结性评价

1. 诊断性评价

诊断性评价也称前期评价，就是在开展健康教育活动之前进行的预测性评价；或者对评价对象的发展基础或条件加以评估，如幼儿的发展状况、健康需求等。

2. 形成性评价

形成性评价也称中期评价（过程性评价），就是在健康教育活动中，针对活动效果进行的持续性评价，如幼儿饮食状况、教育策略的评价、教学方法的评价等，便于及时调整策略，促进幼儿健康发展。

3. 总结性评价

总结性评价也称终期评价（结果性评价），就是在健康教育计划实施后，对其终期结果进行的评价。既是最终的评价结果，也是制订新的健康计划的依据，如健康教育目标的达成情况、生活质量是否提高的评价等。

（三）从评价参与的主体看，可分为自我评价和他人评价

1. 自我评价

自我评价是评价者参照一定指标，对自己的健康工作作出的评价，即是自己对自己的评价。由于缺乏外界参照体系，因此评价的主观性较大，有时过高，有时过低。

2. 他人评价

他人评价是来自外部的评价，如公开课的评价、园领导的评价等。

（四）从评价的基准看，可分为绝对评价和相对评价

1.绝对评价

绝对评价是在被评价对象的集合之外确定一个客观标准，将被评价对象与这个客观标准进行比较，并作出价值判断。客观标准一般指幼儿园管理条例、幼儿园卫生保健制度、幼儿园健康教育总目标等。

2.相对评价

相对评价是在被评价对象的集合总体中选取一个或若干个对象作为基准，然后将其余评价对象与基准加以比较；或者用某种方法将所有评价对象排列成先后顺序的评价，如"快""慢"，学前儿童穿衣起床状况，有的快、有的慢，各个班级是不一样的等。

总之，学前儿童健康教育评价要注重过程评估，"严禁用直接测查幼儿能力和发展水平的方式评估幼儿园保育教育质量"。聚焦观察，教师要多多观察学前儿童，与学前儿童交流、沟通，全面、客观、真实地了解学前儿童情况。强化自我评估，建立常态化的自我评估机制，通过幼儿园组织教学评估活动、集体诊断，教师反思自身的教育行为，并提出改进措施，以此促进学前儿童健康、快乐成长，为学前儿童健全人格的形成打下坚实的基础。

任务三　设计学前儿童健康教育活动

一、小班活动设计

小班健康教育活动　小蚂蚁运大米

北京市朝阳区教育科学研究院　刘洁红

1.设计意图

在体育游戏活动开展的过程中，发现小班的幼儿对钻爬非常感兴趣，他们很喜欢钻到幼儿园的毛毛虫玩具里，然后呼朋引伴："你也快进来，你也快进来。"毛毛虫玩具成了最受幼儿欢迎的玩具。但是在幼儿钻爬的过程中发现很多幼儿还不能很平稳地控制自己的身体。基于幼儿的兴趣和活动开展需要，教师设计了本次活动"小蚂蚁运大米"。

2.活动目标

（1）喜欢参与体育活动，感受运动游戏的快乐。

（2）在钻爬的游戏中，能平稳地控制自己的身体。

3.活动重难点

（1）重点：在钻爬的游戏中，能平稳地控制自己的身体。

（2）难点：探索如何通过桥洞、山洞。

4.活动准备

（1）物质准备：活动音乐、桌子、沙包若干、筐两个、山洞2个、拱形门。

（2）经验准备：幼儿已玩过游戏"钻山洞"。

5.活动过程

（1）热身活动，激发幼儿兴趣。

引导语：小朋友们，现在天气越来越冷了，小蚂蚁的粮食储备得不够，需要我们一起帮助它们运大米，但是小蚂蚁的家很远，路上有很多困难，你们怕不怕？我们先一起来活动活动身体吧，等会儿好帮助小蚂蚁更快地运大米。

（2）游戏：小蚂蚁运大米。

引导语：现在小朋友们的身体都活动开了，都更有力气了，让我们来一起帮助小蚂蚁运大米吧。

幼儿自由探索如何通过桥洞、山洞到达小蚂蚁的家中。

教师小结：小朋友们有的手膝着地钻爬，有的手脚着地穿过桥洞、钻过山洞。

幼儿需要通过桥洞，找到大米（沙包），然后再穿过山洞，把大米放到小蚂蚁的家中（筐子里），这样就完成任务了。

初步尝试：幼儿开始运大米。在游戏过程中，幼儿遇到困难，教师及时引导并鼓励幼儿完成。

再次尝试：教师加大难度。看看幼儿还能不能迅速完成。幼儿要通过桥洞，取到大米，然后再爬过毛毛虫洞，最后才能把大米运到小蚂蚁的家。

（3）师幼跟随音乐一起做放松律动。

幼儿跟随教师一起边走边拍打自己的身体，做放松运动。

6.活动延伸

（1）日常生活：在日常生活中，教师带领幼儿在户外游戏中开展相应的游戏活动。

（2）家园共育：教师与家长及时分享关于幼儿基本动作的内容，提示家长在家庭生活中可以观察幼儿的动作行为。

7.活动反思

在日常体育游戏活动中，幼儿喜欢钻爬，所以教师设计了本次活动，通过让幼儿自由探索穿过桥、钻过洞的多种方法来学习钻爬，这样能更好地调动幼儿的积极性、主动性，通过帮助小蚂蚁运大米，引起幼儿参与活动的兴趣，在活动设计上由易到难，不断地穿过桥、钻过洞来锻炼幼儿的钻爬技能，教师让幼儿先穿过桥拿到大米，再钻过洞，到达小蚂蚁的家。本次活动也存在一些问题，如教师没有及时鼓励、表扬幼儿，结束部分可增加总结环节。在"小蚂蚁运大米"的体育游戏活动中，教师能够遵循小班幼儿的身心发展特点来组织幼儿活动。通过幼儿自主探索、情境创设法、游戏法等引导幼儿主动练习钻爬的动作，在此基础上，为幼儿营造了轻松愉悦的活动氛围。

二 中班活动设计

中班健康教育活动 我是安全小卫士

华中师范大学幼儿园 王莉

1.设计意图

《幼儿园教育指导纲要（试行）》（以下简称《纲要》）明确指出，"幼儿园必须把保护幼儿的生命和促进幼儿的健康放在工作的首位"，即幼儿的安全是一切发展的保障，只有在幼儿生命健全的基础上才能保证其身心健康发展。因此教师需要充分贯彻《纲要》精神，充分认识到安全教育的重要性，在平时教育教学中以丰富多彩的健康教育活动将安全防护知识传授给幼儿，增强他们的安全防护意识，提升保护自己的技能和方法，以便处理生活中可能出现的一些紧急情况。

2.活动目标

（1）提高幼儿自我保护意识，并懂得基本礼貌。

（2）熟悉入园、离园流程，并说出"老师，早上好""妈妈（等），下午好""老师，下午好"。

（3）了解入园、在园和离园的安全。

3.活动准备

（1）物质准备：PPT、剪刀、晨检流程图片、视频。

（2）经验准备：懂得基本的安全常识。

4.活动过程

（1）手指游戏导入。

① 点名口令：小朋友们早上好，老师早上好；老师点名我答到；点到谁，谁答到；没有点到请坐好。

② 上课口令：小眼睛，看老师；小耳朵，认真听；小嘴巴，闭闭好；要说话，先举手，一句一句，讲清楚；小小手，放膝盖；小小脚，并并拢。

（2）播放入园PPT并提问。

①回忆经验。

引导语：今天小朋友们进入幼儿园的时候，有没有跟老师说"老师，早上好"，有没有老师给你们量体温？还检查了哪些？有没有检查小朋友的书包？为什么要检查书包？

幼儿自由发言。

②播放零食、玩具等图片。

教师播放各种玩具、零食、小刀、纽扣、弹珠图片，让小朋友们认识并说出名称。

引导语：小朋友们有没有喜欢的呀？但是，这些东西是不能带到幼儿园里的，因为会伤害到其他小朋友。

③讲解案例。

花花第一次进入幼儿园，幼儿园里有温柔漂亮的教师，还有许多可爱的小朋友和玩具，花花非常高兴，在玩玩具的时候，花花想起妈妈的话："要和其他小朋友一起分享。"于是，花花在书包里拿出了从家里带来的玩具手枪，准备和其他的小朋友分享，可是，花花忘记玩具手枪里有"子弹"，就开了一枪，不小心打中了其中一名小朋友的额头，那名小朋友的额头马上肿了一个大包，痛得哭了起来，教师听见了哭声，跑了过来，安慰其不哭并询问了事情的经过。

教师提问：事情的经过是什么？花花带了什么东西到幼儿园，从而把其中一名小朋友打伤的？那小朋友们要不要带这些东西到幼儿园呢？

幼儿自由讨论。

④播放PPT并回忆入园流程。

播放晨检图片流程，并请幼儿说一说图片的内容或经过。（和教师说"老师，早上好"—晨检—打卡—进入教室—与本班教师打招呼、问好—放好书包）

（3）播放离园PPT并提问。

①引导语：小朋友们想不想回家呀？离开幼儿园的时候要注意哪些事项呢？

②讲解案例并请幼儿评析。

朵朵安静地坐在教室等待妈妈来接她回家，过了十分钟，妈妈就来接朵朵了，朵朵看见了妈妈，慢慢地放好椅子，并慢慢地走到妈妈面前，和妈妈说了句："妈妈，下午好!"还和老师说了句："老师，再见!"老师表扬了朵朵非常懂礼貌，还奖励朵朵一朵小红花。

教师提问：请小朋友们说说朵朵的做法对不对？朵朵的哪些行为是对的？请小朋友们结合案例进行评析。

幼儿自由发言。

③播放离园PPT并回顾离园流程。

先请幼儿回忆离园时的正确流程是什么？教师再播放PPT，幼儿与教师一起回顾离园的流程。（整理书包并背好—在门口等待家长来接—教师叫幼儿名字—幼儿轻轻走到闸机前面—与家长说"XX，下午好!"—和教师说"老师，再见!"—教师与家长、小朋友互说再见）

（4）再次提问幼儿，并请幼儿讨论。

① 什么是安全？

②入园流程及安全是什么？

③ 离园流程及安全是什么？

④离开了幼儿园是不是就真的安全了？

⑤在回家的路上应该注意些什么？

5.活动结束

教师和幼儿一起观看入园、离园安全视频，加深印象，观看视频结束后，教师对入园、离园流程进行回顾，并要求幼儿真正做到。

6.活动延伸

要求幼儿做到不带与幼儿园无关的东西到幼儿园，与家长、教师打招呼问好，同时对于能坚持做到的小朋友，每个星期在"星星榜"奖励其一颗"礼貌文明"小星星。

7.活动反思

本次活动幼儿参与积极性较高，但是还是有少数幼儿表现得不是很好，后期将跟踪观察，引导幼儿注意入园、离园安全流程。总体而言，本次活动目标完成度较高。

三 大班活动设计

大班健康教育活动 我是清洁小能手

北京市朝阳区丽景幼儿园 王岩

1.设计意图

幼儿早上入园进入班级后，总能发现教师忙碌的身影，一天芳芳走到教师身边说："老师，我能帮帮您吗？我也会擦窗台。"芳芳的话点燃了班级小朋友的劳动积极性，幼儿纷纷表示："我会扫地，我会擦地。"《3~6岁儿童学习与发展指南》（以下简称《指南》）在健康领域的教育建议中提出："引导幼儿生活自理或参加家务劳动，发展其手部动作。"大班幼儿能够使用简单的劳动工具，那么基于幼儿的劳动兴趣，大家展开讨论，最终决定作为班级小主人，由大家一起把教室变得更加整洁干净，因此教师设计了本次活动。

2.活动目标

(1) 积极地参与班级劳动，在劳动中感受到快乐。

(2) 能使用小扫把、小拖布、小簸箕、小抹布等劳动工具进行打扫。

(3) 尝试与同伴分工合作完成打扫教室的活动。

3.活动重难点

(1) 重点：使用常用工具打扫班级教室卫生。

(2) 难点：尝试与同伴分工合作，完成打扫教室的活动。

4.活动准备

(1) 物质准备：PPT课件，以及小扫把、小拖布、小簸箕、小抹布等劳动工具若干。

(2) 经验准备：有过小组分工做值日生的经验；参与过简单的劳动；见过生活中常用的清洁工具。

5.活动过程

(1) 播放PPT中的图片，讨论如何让班级变得更加整洁干净，激发幼儿参与活动的兴趣。

引导语：图片中的老师在做什么？她为什么要做这些事？她用到了哪些工具？

幼儿自由发言。

教师小结：在脏乱的环境中感觉不舒服，所以教师每天都会打扫教室，比如用抹布擦窗台；用扫把扫地等，每个工具用处不同。

引导语：老师在打扫教室时用到了很多劳动工具，这些劳动工具让我们打扫时效率更高，你们知道还有哪些清洁、打扫的工具吗？老师也为小朋友们准备了一些劳动工具。

(2) 出示工具材料，了解不同工具的使用方法。

教师出示工具，如擦布、扫把、簸箕、拖布、水盆等。

引导语：大家用过这些工具吗？是怎么用的呢？

幼儿自由发言。

教师小结：原来我们用的清理工具，都是有很大的学问呢，如我们用到的盆，盆里的水不要洒在地面上，避免摔倒；簸箕和扫把是好朋友，它们两个需要在一起使用，先用扫把将垃圾扫在一起，然后再用簸箕撮起来。

(3) 自由分组，幼儿尝试协商、分工合作，打扫班级教室。

①幼儿组内协商、分工清扫班级教室。

引导语：请小朋友们说一说自己组内的分工，需要的工具是什么？如何进行打扫？

教师小结：本次活动班级每个小朋友都能够积极地参与进来，在遇到不同意见的时候，能够用协商、猜拳的方式，每人承担了不同的清扫内容。打扫不同的地方使用了不同的工具。

②分享使用工具小妙招。

引导语：你们组打扫了什么地方？使用了什么工具？怎么用的？

教师引导幼儿自由发言。

教师小结：在幼儿使用不同工具打扫时发现了很多小妙招，如：抹布过水之后要拧干，一手向前拧一手向后拧；扫地时要把小扫把按在地面上扫，这样不会有灰尘。这些工具帮助我们把教室打扫得更加整洁干净。以后生活中我们也可以常用这些工具。

（4）一起观看干净整洁的教室，感受为集体做事情的快乐。

引导语：每个小组整理得怎么样？为什么我们这么快就整理干净了？你们看到整洁干净的教室心情怎么样？

教师小结：幼儿通过分工合作一起打扫教室，还尝试使用了很多日常工具，小朋友们感觉到自己拥有一双勤劳灵活的小手，同时他们也感受到教师和家长劳动的不易，他们要更加积极地保护班级的环境和卫生，并能够主动地帮助教师做一些力所能及的事情。

6.活动延伸

（1）日常生活：在日常生活中，鼓励幼儿能够自觉地保持班级卫生，能为班级做力所能及的事情，体验劳动的快乐。

（2）家园共育：家长和幼儿进行分工，整理家中的卫生，鼓励幼儿参与到家庭劳动中。

7.活动反思

幼儿通过发现一位教师为班级劳动的瞬间，引发出的一个健康教育活动，在活动中，幼儿初步尝试使用劳动工具，锻炼了手部的精细动作，如拧、扫、擦等，在体验的过程中总结了使用工具的小妙招。本活动中充分体现了《指南》中提到的幼儿通过能使用简单的工具或用具，提高和锻炼幼儿手部精细动作灵活协调的能力。此外，幼儿通过分工、合作快速地完成了打扫教室的任务，知道分工合作的好处，在劳动体验中获得了成就感，感受到了劳动的快乐。

◇ 项目小结

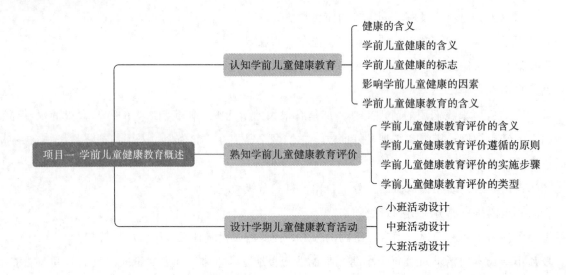

思考与练习

一、单项选择题

1.在教学过程中，王老师随时观察和评价幼儿的行为表现，并以此为依据调整指导策略，该老

师采用的评价方式是（　　）。（选自2019年下半年教师资格证考试）

　　A.诊断性评价　　　B.标准化评价　　　　C.终结性评价　　　　D.形成性评价

2.根据《托儿所幼儿园卫生保健工作规范》规定，3~6岁儿童平均每年健康检查的次数是（　　）。（选自2022年上半年教师资格证考试）

　　A.1次　　　　　　B.2次　　　　　　　C.3次　　　　　　　D.4次

3.婴儿动作发展的正确顺序是（　　）。（选自2022年上半年教师资格证考试）

　　A.翻身→坐→抬头→站→走　　　　　　B.抬头→翻身→坐→站→走

　　C.翻身→抬头→坐→站→走　　　　　　D.抬头→坐→翻身→站→走

4.幼儿一日生活活动主要有（　　）。（选自2023年12月三级保育员资格证考试）

　　A.学习　　　　　　B.游戏　　　　　　　C.户外活动　　　　　D.进餐、午睡、如厕

二、简答题

1.影响学前儿童健康的因素有哪些？

2.根据《幼儿园保育教育质量评估指南》要求，谈谈学前儿童健康教育评价的意义。

三、材料分析题

小班张老师观察发现，小明和甘甘上楼梯时都没有借助扶手，而是双脚交替上楼梯；下楼梯时，小明扶着扶手双脚交替下楼梯，甘甘没有借助扶手，每级台阶都是一只脚先下，另一只脚跟上慢慢下。（选自2019年下半年教师资格证考试）

1.请从幼儿身心发展角度，分析小班幼儿上下楼梯的动作发展特点。

2.分析两名幼儿表现的差异及可能原因。

思考与练习参考答案

实践与实训

实训一：观看小班健康教育活动视频《我爱洗手》。

目的：了解健康教育教学活动的组织形式、教学方法，初步掌握教学活动的基本过程。

要求：以"我爱洗手"或者选择其他健康教育内容进行模拟教学，并录制视频；将录制的视频上传至班级群，各小组相互评教。

形式：小组合作。

微课视频
《我爱洗手》
扫码学习小班健康教育活动视频《我爱洗手》。

实训二：以某幼儿园小班活动"睡眠"为例，设计一份学前儿童健康评价表。

目的：了解学前儿童健康教育评价的含义、评价遵循的原则，掌握学前儿童健康教育评价的方法和步骤。

要求：评价表格的设计要科学、合理，能够体现出小班活动"睡眠"的基本内容。

形式：查阅资料，个人完成。

思政案例

领会健康真谛，实现人生价值

黄文秀，女，壮族，中共党员，硕士学位，生前系广西壮族自治区百色市委宣传部副科长，派驻乐业县百坭村第一书记，光荣入选"感动中国2019年度人物"，曾获"全国优秀共产党员""时代楷模"荣誉称号。在2020年5月17日晚举行的2019年度感动中国人物颁奖盛典上，感动中国组委会在给予黄文秀的颁奖词中这样写道："有些人从山里走了，就不再回来，你从城里回来，却再没有离开。来的时候惴惴，怕自己不够勇敢，走的时候匆匆，留下最美的韶华。百色的大山，你是最美的朝霞，脱贫的战场，你是醒目的黄花。"

黄文秀1989年4月18日出生在广西壮族自治区百色市田阳区巴别乡德爱村多柳屯。黄文秀出生于一个普通农民家庭，家境贫寒，她父母的身体也不好，但自立自强的黄文秀从小努力上进，立志到外地求学，接受更优质的教育，品学兼优的她最终考入北京师范大学，攻读硕士学位，在国家助学政策的帮助下才完成了学业。

她从北京师范大学毕业后，毅然放弃在大城市工作的机会，回到家乡革命老区百色；她选择到贫困村担任第一书记，把双脚扎进泥土，为群众脱贫攻坚殚精竭虑；她忍痛告别重病卧床的父亲，深夜冒雨奔向受灾群众，面对危险坚定前行，不幸遭遇突如其来的山洪，年轻的生命永远定格在扶贫路上……2019年6月17日，黄文秀因公牺牲，年仅30岁。

在工作中，黄文秀待人热情、乐于助人，时刻惦记着村里的困难群众，经常拿出自己微薄的工资慰问资助村里的孤寡老人和留守儿童。她积极争取各项补助，帮助村里的寒门学子获得读书机会。黄文秀在村里开展了"小手拉大手"的环保活动，每到周末，把村里的小孩都召集到一起，先带他们一起制作零食、奶茶，然后教他们环保知识。黄文秀的驻村笔记中写道："每天都很辛苦，但心里很快乐。"她曾说："我有信心，在党中央的正确领导下，不获全胜，决不收兵！"

她的姐姐黄爱娟说，黄文秀生前曾说过，她最大的愿望是在家旁边盖一座两层的小楼，开一家幼儿园，如今却成了永远的遗憾。

黄文秀，时代的楷模，北京师范大学毕业后，将自己的职业理想融入党和国家的事业，扎根基层，反哺家乡；脚踏实地，勇担时代使命，为脱贫攻坚战书写了人生的壮丽篇章。

黄文秀用她短暂、壮丽的一生启示我们：只有将职业理想融入自己的专业、工作中，恪守职业道德，脚踏实地，乐于奉献；热爱自己，热爱生活，热爱大自然，在平凡的工作岗位上，关心、爱护每名幼儿，促进幼儿健康、快乐成长，才能在平凡的岗位中实现人生的真正价值。

项目二　学前儿童健康教育的基本问题

◇**学习目标**

素质目标：树立正确的学前儿童健康教育观，把握学前儿童健康教育目标的价值取向；热爱学前教育事业，遵守相关法律、法规，勤于思考，善于总结，提升专业能力。

知识目标：认真学习、贯彻执行国家有关学前教育的相关政策文件，理解学前儿童健康教育的目标，知晓学前儿童健康教育的内容范围，掌握学前儿童健康教育的实施途径。

能力目标：能根据学前儿童身心发展特点，制定健康教育活动目标，选择适宜的教育内容；能根据目标和内容，合理选择实施途径和方法。

◇**情境导入**

可可是一个很乖的孩子，平时不太爱说话，很遵守规则，专注力好，生长发育也稍高于同龄幼儿的平均水平。但是他内心有点敏感，当家人的意见与他不一致时，他不太能接受，妈妈甚至不敢批评他，怕他心理脆弱，家人平时对他格外照顾。

从学前儿童健康教育的角度来考虑，可可哪些方面发展得好，哪些方面需要教育引导？应该通过哪些方式和途径来对可可进行健康教育，以此促进他的健康成长呢？结合本项目的学习，可以从学前儿童健康教育的目标、内容和实施途径来思考和解答这些问题。

任务一　明确学前儿童健康教育的目标

目标是一切工作的出发点和落脚点，教育目标是教育实施的"航标灯"，是教育内容选择和组织的依据，指引教育实践顺利实现预期效果。教师制定的教育目标是否科学合理，直接影响学前儿童健康教育实施的质量。活动目标的制定依据总目标的要求层层分解，落实到具体教育活动中，因此，可以将学前儿童健康教育的目标分为总目标、年龄段目标和具体教育活动目标。

一、学前儿童健康教育的总目标

（一）《纲要》和《指南》中健康领域教育的总目标

我们对学前儿童健康教育目标的把握主要依据两个文件，一个是《幼儿园教育指导纲要（试行）》（以下简称《纲要》），另一个是《3～6岁儿童学习与发展指南》（以下简称《指南》）。《纲要》和《指南》中规定了健康领域教育的目标要求，向教育者传递健康教育的价值导向，帮助其建立正确的儿童观、教育观、发展观，这些理念和方针是开展健康教育的依据和指导思想。

1. 《纲要》中健康领域教育的总目标

《纲要》中健康领域教育的总目标是身体健康，在集体生活中情绪安定、愉快；生活、卫生习惯良好，有基本的生活自理能力；知道必要的安全保健常识，学习保护自己；喜欢参加体育活动，动作协调、灵活。①

2. 《指南》中健康领域教育的目标要求

健康是指人在身体、心理和社会适应方面的良好状态。幼儿阶段是儿童身体发育和机能发展极为迅速的时期，也是形成安全感和乐观态度的重要阶段。发育良好的身体、愉快的情绪、强健的体质、协调的动作、良好的生活习惯和基本生活能力是幼儿身心健康的重要标志，也是其他领域学习与发展的基础。

为有效促进幼儿身心健康发展，成人应为幼儿提供合理均衡的营养，保证充足的睡眠和适宜的锻炼，满足幼儿生长发育的需要；创设温馨的人际环境，让幼儿充分感受到亲情和关爱，形成积极稳定的情绪情感；帮助幼儿养成良好的生活与卫生习惯，提高自我保护能力，形成使其终身受益的生活能力和文明生活方式。幼儿身心发育尚未成熟，需要成人的精心呵护和照顾，但不宜过度保护和包办代替，以免剥夺幼儿自主学习的机会，养成过于依赖的不良习惯，影响其主动性、独立性的发展。②

（二）总目标重点强调的方面

学前儿童健康教育的总目标是制定年龄段目标和具体活动目标的依据，上述总目标强调了以下三个方面。

1. 身心和谐发展，有良好的社会适应

幼儿健康应包括生理健康、心理健康和良好的社会适应三个方面，缺一不可。幼儿的生理健康以人体结构完整、功能和发育水平正常为特征；幼儿心理健康以心理的各个方面及心理活动过程处于良好的状态为主要特征；良好的社会适应以能适应一般的环境变化，能受到他人的欢迎和接受，

---

① 教育部基础教育司编写.《幼儿园教育指导纲要（试行）》解读[M].南京:江苏凤凰教育出版社,2017.
② 教育部.教育部关于印发《3—6岁儿童学习与发展指南》的通知[EB/OL].[2023-12-09].http://www.moe.gov.cn/srcsite/A06/s3327/201210/t20121009_143254.html.

在各种环境下有较充分的安全感，能保持正常和谐的人际关系为主要特征。

2.兼顾认知、态度和行为三个维度

学前儿童健康教育应提高学前儿童对健康的认识，建立健康的态度，培养幼儿形成健康行为。以此为依据，学前儿童健康教育的目标可以分为：健康知识教育目标、健康情感态度教育目标和健康行为能力教育目标。健康教育从"知""信""行"三方面进行，幼儿只有通过增加对健康的认知，提高健康意识，建立健康的态度，才能更好地帮助幼儿养成健康的行为。例如要培养幼儿养成每天刷牙的习惯，我们可以通过各种教育活动引导幼儿认识刷牙的作用，明白每天刷牙的重要性，提高幼儿的相关认识，培养幼儿的刷牙意识，帮助幼儿养成刷牙的习惯。但还需要幼儿亲身体验，在生活中坚持培养，才能使幼儿养成每天坚持刷牙的行为。养成健康的行为是学前儿童健康教育的核心目标，最终使幼儿的健康认知和态度落实到健康行为的养成上面。

3.保护与教育并重

幼儿教育要始终坚持保教合一，即保育与教育并重。《纲要》指出"幼儿园必须把保护幼儿的生命和促进幼儿的健康放在工作的首位"，同时也指出"既要高度重视和满足幼儿受保护、受照顾的需要，又要尊重和满足他们不断增长的独立要求，避免过度保护和包办代替，鼓励并指导幼儿自理、自立的尝试"。[①]每名幼儿都是稚嫩的个体，需要成人的保护和关爱，教师要承担起保护幼儿的重要责任，创设条件，让幼儿学会基本的生活自理能力，但是不能过度保护和包办代替；幼儿需要具备自我保护的意识和能力，才能更好地健康成长。

教师需要通过多种形式的活动培养幼儿自我保护意识，帮助幼儿提高自我保护能力。例如，在户外活动前和幼儿谈话，讨论在户外活动时可能会遇到什么不安全的事情，比如奔跑中碰撞、摔倒，骑小三轮车时的安全注意事项等，提高幼儿在户外活动中的自我保护意识，避免危险行为；户外活动结束回到室内，可再次与幼儿讨论刚刚在户外活动中哪里注意了安全，哪里做得好，哪里出现了问题，下次怎么避免。不论是通过专门的教育活动、渗透在一日生活中的各项活动，抑或是家园共育活动等，都可以将保护与教育结合起来，促进幼儿的健康发展。

拓展资源

《幼儿园教育指导纲要（试行）》

扫码学习领会《幼儿园教育指导纲要（试行）》健康领域教育的目标和要求。

二 学前儿童健康教育的年龄段目标

《指南》将《纲要》的目标要求进一步具体化和细化，《指南》中的健康领域从身心状况、动作发展、生活习惯与生活能力三个子领域提出了各年龄段幼儿的健康领域发展目标。

---

① 教育部基础教育司编写.《幼儿园教育指导纲要（试行）》解读[M].南京:江苏凤凰教育出版社,2017.

(一) 子领域：身心状况

身心状况细分目标具体内容，如表2-1至表2-3所示。

表2-1 目标1：具有健康的体态

3～4岁	4～5岁	5～6岁
1.身高和体重适宜。参考标准： 男孩 身高：94.9～111.7厘米 体重：12.7～21.2公斤 女孩 身高：94.1～111.3厘米 体重：12.3～21.5公斤 2.在提醒下能自然坐直、站直	1.身高和体重适宜。参考标准： 男孩 身高：100.7～119.2厘米 体重：14.1～24.2公斤 女孩 身高：99.9～118.9厘米 体重：13.7～24.9公斤 2.在提醒下能保持正确的站、坐和行走姿势	1.身高和体重适宜。参考标准： 男孩 身高：106.1～125.8厘米 体重：15.9～27.1公斤 女孩 身高：104.9～125.4厘米 体重：15.3～27.8公斤 2.经常保持正确的站、坐和行走姿势

注：身高和体重数据源于《2006年世界卫生组织儿童生长标准》4、5、6周岁儿童身高和体重的参考数据。

表2-2 目标2：情绪安定愉快

3～4岁	4～5岁	5～6岁
1.情绪比较稳定，很少因一点小事哭闹不止。 2.有比较强烈的情绪反应时，能在成人的安抚下逐渐平静下来	1.经常保持愉快的情绪，不高兴时能较快缓解。 2.有比较强烈情绪反应时，能在成人提醒下逐渐平静下来。 3.愿意把自己的情绪告诉亲近的人，一起分享快乐或求得安慰	1.经常保持愉快的情绪。知道引起自己某种情绪的原因，并努力缓解。 2.表达情绪的方式比较适度，不乱发脾气。 3.能随着活动的需要转换情绪和注意力

表2-3 目标3：具有一定的适应能力

3～4岁	4～5岁	5～6岁
1.能在较热或较冷的户外环境中活动。 2.换新环境时情绪能较快稳定，睡眠、饮食基本正常。 3.在帮助下能较快适应集体生活	1.能在较热或较冷的户外环境中连续活动半小时左右。 2.换新环境时较少出现身体不适。 3.能较快适应人际环境中发生的变化，如换了新老师能较快适应	1.能在较热或较冷的户外环境中连续活动半小时以上。 2.天气变化时较少感冒，能适应车、船等交通工具造成的轻微颠簸。 3.能较快融入新的人际关系环境，如换了新的幼儿园或班级能较快适应

(二) 子领域：动作发展

动作发展细分目标具体内容，如表2-4至表2-6所示。

表2-4 目标1：具有一定的平衡能力，动作协调、灵敏

3~4岁	4~5岁	5~6岁
1.能沿地面直线或在较窄的低矮物体上走一段距离。 2.能双脚灵活交替上下楼梯。 3.能身体平稳地双脚连续向前跳。 4.分散跑时能躲避他人的碰撞。 5.能双手向上抛球	1.能在较窄的低矮物体上平稳地走一段距离。 2.能以匍匐、膝盖悬空等多种方式钻爬。 3.能助跑跨跳过一定距离，或助跑跨跳过一定高度的物体。 4.能与他人玩追逐、躲闪跑的游戏。 5.能连续自抛自接球	1.能在斜坡、荡桥和有一定间隔的物体上较平稳地行走。 2.能以手脚并用的方式安全地爬攀登架、网等。 3.能连续跳绳。 4.能躲避他人滚过来的球或扔过来的沙包。 5.能连续拍球

表2-5 目标2：具有一定的力量和耐力

3~4岁	4~5岁	5~6岁
1.能双手抓杠悬空吊起10秒左右。 2.能单手将沙包向前投掷2米左右。 3.能单脚连续向前跳2米左右。 4.能快跑15米左右。 5.能行走1千米左右（途中可适当停歇）	1.能双手抓杠悬空吊起15秒左右。 2.能单手将沙包向前投掷4米左右。 3.能单脚连续向前跳5米左右。 4.能快跑20米左右。 5.能连续行走1.5千米左右（途中可适当停歇）	1.能双手抓杠悬空吊起20秒左右。 2.能单手将沙包向前投掷5米左右。 3.能单脚连续向前跳8米左右。 4.能快跑25米左右。 5.能连续行走1.5千米以上（途中可适当停歇）

表2-6 目标3：手的动作灵活协调

3~4岁	4~5岁	5~6岁
1.能用笔涂涂画画。 2.能熟练地用勺子吃饭。 3.能用剪刀沿直线剪，边线基本吻合	1.能沿边线较直地画出简单图形，或能边线基本对齐地折纸。 2.会用筷子吃饭。 3.能沿轮廓线剪出由直线构成的简单图形，边线吻合	1.能根据需要画出图形，线条基本平滑。 2.能熟练使用筷子。 3.能沿轮廓线剪出由曲线构成的简单图形，边线吻合且平滑。 4.能使用简单的劳动工具或用具

（三）子领域：生活习惯与生活能力

生活习惯与生活能力细分目标具体内容，如表2-7至表2-9所示。

表2-7　目标1：具有良好的生活与卫生习惯

3～4岁	4～5岁	5～6岁
1.在提醒下，按时睡觉和起床，并能坚持午睡。 2.喜欢参加体育活动。 3.在引导下，不偏食、挑食。喜欢吃瓜果、蔬菜等新鲜食品。 4.愿意饮用白开水，不贪喝饮料。 5.不用脏手揉眼睛，连续看电视等不超过15分钟。 6.在提醒下，每天早晚刷牙、饭前便后洗手	1.每天按时睡觉和起床，并能坚持午睡。 2.喜欢参加体育活动。 3.不偏食、挑食，不暴饮暴食。喜欢吃瓜果、蔬菜等新鲜食品。 4.常喝白开水，不贪喝饮料。 5.知道保护眼睛，不在光线过强或过暗的地方看书，连续看电视等不超过20分钟。 6.每天早晚刷牙、饭前便后洗手，方法基本正确	1.养成每天按时睡觉和起床的习惯。 2.能主动参加体育活动。 3.吃东西时细嚼慢咽。 4.主动饮用白开水，不贪喝饮料。 5.主动保护眼睛。不在光线过强或过暗的地方看书，连续看电视等不超过30分钟。 6.每天早晚主动刷牙，饭前便后主动洗手，方法正确

表2-8　目标2：具有基本的生活自理能力

3～4岁	4～5岁	5～6岁
1.在帮助下能穿脱衣服或鞋袜。 2.能将玩具和图书放回原处	1.能自己穿脱衣服、鞋袜、扣纽扣。 2.能整理自己的物品	1.能知道根据冷热增减衣服。 2.会自己系鞋带。 3.能按类别整理好自己的物品

表2-9　目标3：具备基本的安全知识和自我保护能力

3～4岁	4～5岁	5～6岁
1.不吃陌生人给的东西，不跟陌生人走。 2.在提醒下能注意安全，不做危险的事。 3.在公共场所走失时，能向警察或有关人员说出自己和家长的名字、电话号码等简单信息	1.知道在公共场合不远离成人的视线单独活动。 2.认识常见的安全标志，能遵守安全规则。 3.运动时能主动躲避危险。 4.知道简单的求助方式	1.未经大人允许不给陌生人开门。 2.能自觉遵守基本的安全规则和交通规则。 3.运动时能注意安全，不给他人造成危险。 4.知道一些基本的防灾知识

《指南》中的大目标细分为表格中的小目标，每个小目标后有具体的教育建议，我们需认真学习领会，才能更好地将教育目标在教育实践中落实，从而达成每个教育目标。

拓展资源
《3～6岁儿童学习与发展指南》
扫码阅读《3～6岁儿童学习与发展指南》，领会《指南》的指导精神，理解和掌握健康领域目标和教育建议。

三 学前儿童健康教育的具体活动目标

学前儿童健康教育目标的制定应全面、适宜、表述规范。有的教师在制定具体活动目标时会出现目标重点不突出、超难度、要求偏低、目标表述笼统、表述方式不统一等问题，会直接影响教育活动的成效。

（一）具体活动目标制定的维度

美国心理学家布鲁姆将教育目标分类为情感、动作技能和认知三方面，我国幼儿园具体教育活动的目标通常也是从情感与态度（以下简称情感目标）、认知（以下简称认知目标）、技能与能力（以下简称能力目标）三个维度提出。情感目标包括兴趣、态度、价值观等方面的发展；认知目标包括认知能力的发展和对知识的理解掌握；能力目标包括对具体的技能、能力的掌握及运用等。完整的教育活动应涉及多个维度，才能更好地促进幼儿的全面发展。

1. 情感目标

情感目标的常用词有感受、喜欢、乐于、体验、兴趣、坚持、好奇等。

2. 认知目标

认知目标常用词有理解、感知、认识、知道、了解、懂得等。

3. 能力目标

能力目标的常用词有能够、掌握、尝试、探究、操作、表达、记录、合作、观察、运用等。

案例导入

小班健康教育活动 火灾来了，我不怕

活动目标：
1. 感受火灾的可怕，学会珍惜生命。
2. 初步掌握火灾逃生的正确方法，提高自我保护能力。
3. 认识生活中常见的消防器材，了解其作用。

（案例来源：湘南幼儿师范高等专科学校附属幼儿园　吴美兰　邢思颖）

上述案例很好地体现了三维目标要求，该活动主题为"火灾来了，我不怕"，围绕这一主题，目标1是情感目标，使幼儿在情感态度上建立防火意识，懂得火灾的危险和生命的可贵；目标2是能力目标，掌握逃生方法，提高自我保护能力；目标3是认知目标，认识常见的消防器材及作用。

（二）具体活动目标制定的要求

1. 应符合本班幼儿的年龄特点和发展水平

制定教学活动目标时要考虑幼儿的年龄特点和发展水平，若活动目标难度过高，超出幼儿的能力，幼儿因能力达不到、完不成任务而无法获得成就感，就会失去对活动的兴趣；若低于幼儿实际水平，幼儿会觉得枯燥乏味，易失去参加活动的积极性，幼儿能力也难以得到提升。因此目标难度的把握可根据幼儿的"最近发展区"，制定适宜本班幼儿年龄特点和发展水平的活动目标，使幼儿"跳一跳就能够到"。

2. 从幼儿发展的角度表述目标，前后统一

目标的表述有两种方式，一种是从教师的角度来表述，通常会使用"让""使"等词语，如"使幼儿感受……""让幼儿懂得……"等；另一种是从幼儿的角度来表述，即"理解……""感受……""懂得……""体会到……"等。

我们提倡从幼儿的角度出发表述目标，使用"体验""感受""喜欢""探索"等词汇。一方面体现了"以幼儿为主体"的教育观，另一方面也有利于教师从幼儿的角度来考虑幼儿将能够得到的发展。

目标的表述要统一、前后一致，即统一从幼儿的角度出发表述目标，或统一从教师的角度来表述目标，不可在同一个活动的几点目标中，从幼儿和教师的不同角度设置目标。

3. 目标表述全面、具体、可操作

具体教育活动目标的制定应是全面的，如前所述，目标包括情感、能力和认知三个维度，在设计活动时，不要遗漏某一维度的目标，同时活动目标的制定应考虑发展幼儿的情感、能力和认知，以促进幼儿的全面发展。例如活动仅关注幼儿的认知，通过《小熊刷牙》的故事学到了什么、认识了什么，这样的目标是单一的，未充分发挥该活动对幼儿发展的价值，也并未关注到幼儿的全面发展。活动目标设计时也应考虑突出重点目标，而非模式化的面面俱到。

目标的制定也应是具体、可操作的。目标表述要具体，例如有的目标设定为"喜欢体育游戏""乐于参与集体活动"，这样的目标显得宽泛笼统，教育活动目标缺乏指导作用，使得活动组织起来比较困难。而以下目标更为具体、可操作，也有利于观察和评价："练习快跑、快躲闪，提高动作敏捷性""初步了解蔬菜中的营养价值及作用，知道吃蔬菜有利于身体健康"。

案例导入

请分析以下活动目标是否合理，若存在问题，结合以上目标制定的要求，应怎样修改？请尝试修改制定该活动的目标。

中班健康教育活动 我们的眼睛

活动目标：

1. 认识眼睛的构造和用途。
2. 教育幼儿保护眼睛，学习保护眼睛的方法。
3. 学习缓解眼疲劳的保健操。

任务二　熟知学前儿童健康教育的内容

学前儿童健康教育的内容是实现健康教育目标的重要载体，幼儿园教师需要掌握学前儿童健康教育内容范围。学前儿童健康教育内容与要求主要体现在《纲要》中。

一　《纲要》中健康领域的内容与要求

一是建立良好的师生、同伴关系，让幼儿在集体生活中感到温暖，心情愉快，形成安全感、信赖感。

二是与家长配合，根据幼儿的需要建立科学的生活常规。培养幼儿良好的饮食、睡眠、盥洗、排泄等生活习惯和生活自理能力。

三是教育幼儿爱清洁、讲卫生，注意保持个人和生活场所的整洁和卫生。

四是密切结合幼儿的生活进行安全、营养和保健教育，提高幼儿的自我保护意识和能力。

五是开展丰富多彩的户外游戏和体育活动，培养幼儿参加体育活动的兴趣和习惯，增强体质，提高对环境的适应能力。

六是用幼儿感兴趣的方式发展基本动作，提高动作的协调性、灵活性。

七是在体育活动中，培养幼儿坚强、勇敢、不怕困难的意志品质和主动、乐观、合作的态度。

《纲要》中健康领域的内容涵盖了幼儿的生理健康、心理健康和社会适应三大方面，通过健康教育教学活动、生活、家园共育等多种途径对幼儿进行健康教育。

二　学前儿童健康教育的具体内容

《纲要》将健康领域内容具体分为以下六个方面，即：学前儿童身体生长与生活自理能力教育、学前儿童安全教育、学前儿童预防疾病教育、学前儿童饮食与营养教育、学前儿童体育教育、学前儿童心理健康教育。

（一）学前儿童身体生长与生活自理能力教育

幼儿的身体生长与生活自理能力教育主要包括以下四点内容。

1. 人体与健康

人体与健康的内容包括人体的结构、功能和保护。例如认识身体的外部结构、内部结构，了解身体不同部分的功能，懂得怎样保护身体。

2. 保持个人卫生

个人应养成的卫生习惯，例如早晚刷牙、餐前便后洗手、勤洗澡及更换衣物、勤剪指甲等。

3.保持环境卫生

教育幼儿养成保护环境卫生的行为习惯，遵守公共卫生准则，例如不乱扔果皮纸屑，不破坏公共卫生设施，懂礼貌、讲文明、不打扰他人等。

4.生活自理能力

幼儿除了能在生活中保持个人卫生外，还应学习穿脱衣物（图2-1）、叠衣物、收拾书包、整理玩具、尝试洗自己的袜子、简单晾晒小的衣物等力所能及的事。

图2-1 生活自理能力锻炼

（图片来自北京市朝阳区丽景幼儿园）

案例导入

中班健康教育活动 我爱洗手

外在环境中存在着许多看不见的细菌，幼儿好奇的天性使他们走到哪里都想摸摸、玩玩，小手也在不知不觉中沾上细菌等微生物，如果不注意洗手，幼儿极易将病菌带入口中。而在幼儿园一日生活中，洗手是一个非常重要的环节，勤洗手，把手洗干净，可以让幼儿养成讲卫生的好习惯，也有利于他们的身体健康。平时观察发现，有些小朋友在洗手时会出现马虎、玩水等现象。针对幼儿存在的各种问题，为帮助他们学会自己正确洗手，教师设计了本次健康教育活动"我爱洗手"，让幼儿了解、认识到洗手的重要性，学会七步洗手法，并培养幼儿从小养成讲卫生的好习惯。

（案例来源：黄冈师范学院附属幼儿园 芮婷）

（二）学前儿童安全教育

学前儿童安全教育的内容主要包括交通安全、自然灾害中的自我保护、活动安全和日常生活安全。例如，掌握有效的自救知识，懂得水、火、电的危险，遵守安全守则，懂得不做危险的事等。

安全教育重在提高幼儿的安全意识和自我保护能力，通过安全教育，加强学前儿童的自我保护意识，提高自我保护能力，学会发生意外伤害进行自救和向成人求救的方法及措施。

> **案例导入**
>
> **小班健康教育活动 火灾来了，我不怕**
>
> 幼儿园应切实把安全教育融入幼儿一日生活，帮助幼儿学习判断环境、设备设施和玩具材料可能出现的安全风险，增强安全防范意识，提高自我保护能力。《指南》中健康领域的内容要求指出"教给幼儿简单的自救和求救方法"。随着社会现代化进程的加快，电器的使用频率不断增加，生活中存在着潜在的火灾危险，幼儿园幼儿年龄小，缺乏经验和自我保护能力，当火灾来临时幼儿该如何自救、求救，增强自己的保护能力。为此教师设计了该活动，引导幼儿感受火灾的可怕，学会珍惜生命；了解生活中常见的消防器材，知道其作用；学习火灾时正确的逃生方法，提高自我保护能力。从而真正实现"将教育生活化，生活教育化"。
>
> （案例来源：湘南幼儿师范高等专科学校附属幼儿园 吴美兰 邢思颖）

拓展资源
"火灾来了，我不怕"
扫码阅读小班健康教育活动"火灾来了，我不怕"。

（三）学前儿童预防疾病教育

学前儿童预防疾病教育要使幼儿树立预防为主的观念，积极主动地接受医生体检和预防注射，认识到传染病不仅会引起自己得病，还可能传染给他人。初步了解身心疾病和缺陷的预防知识，懂得一些预防措施。

（四）学前儿童饮食与营养教育

学前儿童饮食与营养教育包括了解食物的不同营养，知道常见食物对机体生长发育的作用，知道营养的重要性。养成良好的饮食习惯，愉快进餐，定时定量，不挑食或过食，细嚼慢咽，不撒饭菜等。

案例导入

中班健康教育活动 蔬菜王国

吃中餐时，经常会有幼儿将青菜挑选出来放在盘子中，只吃肉菜，不吃蔬菜，这有可能是因为幼儿对蔬菜不熟悉，或者是对蔬菜烹饪方式的不喜欢，或者是不知道吃蔬菜对身体有什么好处，导致幼儿比较抗拒吃蔬菜，养成了偏食、挑食的习惯。比如，小齐说："我不喜欢莲藕，因为它的味道不好闻。"莹莹说："我不喜欢吃青菜，因为青菜一点也不好吃。"《指南》在健康领域下的子领域"生活习惯与生活能力"目标中指出：帮助幼儿了解食物的营养价值，引导他们不偏食不挑食、少吃或不吃不利于健康的食品；多喝白开水，少喝饮料。

此次活动通过实物、视频、图片等方式引导幼儿认识生活中常见的蔬菜，了解蔬菜中含有的营养价值，并通过不同的制作蔬菜方式——动手自制蔬菜沙拉（图2-2），激发幼儿对蔬菜喜爱的情感和形成喜欢吃蔬菜的意识，鼓励幼儿多吃蔬菜，引导幼儿养成不挑食、不偏食的良好饮食习惯。

（案例来源：湘南幼儿师范高等专科学校附属幼儿园 吴美兰 唐土芬）

图2-2 幼儿清洗自己种的黄瓜
（图片来自湘南幼儿师范高等专科学校附属幼儿园）

（五）学前儿童体育教育

学前儿童体育教育包括以下六类。

一是基本动作练习，如走、跑、跳、攀登、钻爬、投掷、平衡等。

二是身体素质练习，如协调、平衡、敏捷、耐力等。

三是基本体操，主要包括徒手操和轻器械操。

四是队形和队列训练，幼儿按照口令列队及变换队形。

五是体育器械类活动，如攀爬架、球类、沙包、平衡木、飞盘、圈圈等。

六是体育游戏，即以某种基本动作练习为基本内容，以游戏为基本形式，以发展幼儿的运动能力和身体素质为目的的体育活动，如接力游戏、追拍游戏、争夺游戏等。

案例导入

大班健康教育活动 打准飞来球

大班幼儿已经进入合作游戏阶段，对于他们而言，掌握合作的技能与方法能帮助他们更好地发展协作能力。球是幼儿运动中最为常见的活动器具，玩球又是一项集体运动，在这个过程中必须要与队友交流。基于大班幼儿有抛接球经验，能做到目光灵活地随球的移动对自己身体部位与目标对象之间距离作出正确判断，教师则设计投球（图2-3）和打球的活动，以引导幼儿练习提升接、击等动作的熟练程度，从而提高幼儿对器械（具）的操控能力，激发对体育游戏的兴趣，增强幼儿动作的协调灵敏性，帮助其培养不怕困难、坚持努力、团结合作的良好品质。

（案例来源：湘南幼儿师范高等专科学校附属幼儿园 王柏欢）

图2-3 幼儿投球练习
（图片来自湘南幼儿师范高等专科学校附属幼儿园）

拓展资源
"体育游戏活动案例'滚筒变变变'"
扫码了解幼儿园体育游戏活动案例"滚筒变变变"。

（六）学前儿童心理健康教育

学前儿童心理健康教育的内容包括情绪情感教育、社会适应性教育、行为习惯、独立生活教育及初步的性教育。

> **案例导入**
>
> **大班健康教育活动　你好，坏心情**
>
> 　　大班幼儿正处于自我意识建立的关键期，开始关注输赢，有强烈的获胜心，规则意识和荣誉感也逐步增强，因此他们的情绪波动也变得更加明显，比如游戏时出现生气、急躁，比赛输了时出现气馁、哭闹等情绪。而且大班的幼儿即将进入小学，从幼儿园到小学生活，学习环境的变化无形之中表明幼儿具备积极情绪、学会调控自己的情绪至关重要。因此，教师结合班级幼儿年龄特点和发展水平，设计了本次心理健康教育活动，让幼儿在玩玩、说说、听听、画画中正确认知和表达情绪，增强调节情绪的能力。
>
> （案例来源：湘南幼儿师范高等专科学校附属幼儿园　何佳颖）

任务三　掌握学前儿童健康教育的实施途径与活动设计

一、学前儿童健康教育的实施途径

结合《纲要》对健康领域的要求，可以总结学前儿童健康教育主要通过组织专门的健康教育活动、在生活中渗透教育，以及家园共育三种途径，对幼儿进行健康教育。

（一）专门的健康教育活动

专门的健康教育活动是教师根据健康教育的目标和要求，结合幼儿的年龄特点和发展需要，选择适宜的教育内容，通过健康教育领域主题活动、区域游戏等活动，以丰富幼儿的健康认知，养成健康习惯和行为，锻炼生活自理能力，树立自我保护意识，提高自我保护能力，培养幼儿的健康心理。

例如，在"在厨房里"主题活动中，幼儿先通过听厨房厨具的声音，看看、说说厨房厨具的名称和功能，从而认识厨具及其作用；接着讨论并将厨具分类，将部分厨具根据自己的认识分成危险的与安全的两类；再观看视频，了解各类厨房用具存在的危险性，讨论怎样避免危险；最后试一试，引导幼儿制作简单美食，引导幼儿体验厨房做美食的快乐。教师通过设计有针对性、幼儿感兴趣的活动，让幼儿知道厨房中有哪些物品，认识各种厨具及其功能和危险；了解厨房中不安全的物品，树立了自我保护意识。

(二) 生活中的健康教育活动

一日生活皆教育，幼儿健康的行为习惯需要在生活中养成。对于健康教育来说，专门的健康教育活动可以针对性地提高幼儿对健康的认知，树立健康意识，但行为习惯的养成更有赖于日常的练习和巩固。日常生活中的健康教育是专门的健康教育活动的延伸，有利于幼儿在生活中将所学进行练习、巩固和应用，从而形成健康的习惯和行为。因此更应重视生活中健康行为的养成，达成"知、情、意、行"的统一。幼儿生活的场域主要是幼儿园和家庭，以下从幼儿园和家庭两方面谈生活中的健康教育。

1. 幼儿园生活中的健康教育活动

幼儿园健康教育应渗透于幼儿园一日生活中，在一日生活中随机教育。在早晨的入园晨间活动中，教师精神饱满引导幼儿开展晨间活动，锻炼幼儿对不同季节气温的适应能力，在器械运动和早操中锻炼身体素质；在每次的进餐活动中，培养幼儿不挑食、不撒饭、爱惜粮食的习惯；午睡前后，锻炼幼儿自己穿脱衣物、整理被子，提高生活自理能力；在与同伴、教师的交往中，建立幼儿的安全感、归属感，接纳包容他人、受到他人喜爱、与他人融洽相处等，培养幼儿的心理健康。

2. 家庭生活中的健康教育活动

幼儿的健康教育是从家庭开始的，家庭对幼儿的身体发育、心理和社会适应的健康发展发挥着重要作用。家庭生活活动对幼儿健康的影响有以下四个特点。

（1）基础性。

幼儿的身体发育直接受到遗传、营养的影响，成人为幼儿提供的食物不仅影响幼儿的生长发育，也影响幼儿饮食习惯的养成，如有的幼儿爱吃零食不爱吃饭，成人没有适时有效引导，幼儿不能获得充分营养，在生长发育上很有可能落后于平均水平。家庭气氛融洽，有利于幼儿形成健康的人格、活泼乐观的性格；家庭氛围不和谐，父母脾气暴躁，必然影响幼儿的心理健康。因此，家庭生活是幼儿身心健康的底色，对幼儿的身心健康发展起到基础性的作用。

（2）随机性。

家庭生活是随机影响幼儿的健康的。家人一同进餐，餐桌上幼儿感受到家庭和谐的氛围、家人对自己的关爱，学会使用餐具，家人鼓励幼儿尝试各种食物，不挑食、不撒饭，养成健康的饮食习惯；幼儿同家庭成员一同外出游玩，能够开阔视野，放松心情，和家人一同享受愉快时光；睡前家人营造出温馨安全的氛围，睡前故事时间有利于培养幼儿阅读习惯，提高阅读能力，让幼儿在安全和关爱中入睡；幼儿出现不良行为，成人可以随机及时教育引导；等等。家庭生活随机对幼儿进行着健康教育，影响幼儿的健康发展。

（3）针对性。

家庭中的健康教育是一对一或多对一的，具有针对性。父母可以根据幼儿的需要、特点进行健康教育引导。幼儿体弱，父母可以提供营养丰富的食物，纠正幼儿挑食的习惯，陪伴幼儿通过运动增强体质；幼儿在社会性行为中的不良行为表现，家长可以针对性地与其沟通，引导幼儿形成健康正确的认识、态度、行为。家庭中针对性的健康教育是幼儿园集体健康教育所不能替代的。

(4) 潜移默化性。

家庭中的健康教育是潜移默化的，成人营造的家庭氛围、成人的言行举止无不对幼儿产生潜移默化的影响。成人注重饮食健康，少油少盐，不吃垃圾食品，幼儿也更少接触不利健康的食物，有利于幼儿生长发育，养成好的饮食习惯；幼儿在和睦、愉快的家庭氛围中成长，有利于形成健康人格；成人具有良好的道德品质，幼儿也会具有良好的道德感和是非观念，原生家庭对幼儿认知、心理和行为的影响是潜移默化且深刻长远的。

(三) 家园共育活动

学前儿童教育不是幼儿园或家庭单方面的事，家庭和幼儿园合作共育能使教育产生良好的教育效果。《纲要》指出："幼儿园应与家庭、社区密切合作，与小学相互衔接，综合利用各种教育资源，共同为幼儿的发展创造良好的条件。""家庭是幼儿园重要的合作伙伴。应本着尊重、平等、合作的原则，争取家长的理解、支持和主动参与，并积极支持、帮助家长提高教育能力。"就学前儿童健康教育而言，家庭与幼儿园的密切配合十分重要，家长和教师应共同成为学前儿童健康教育的教育者、实施者和指导者。

家园合作可以通过以下两种方法进行。

一是家长配合幼儿园，将幼儿园健康教育的要求或任务延伸到家庭。

例如，幼儿在幼儿园的体检中评测结果为体弱儿或肥胖儿，家长需要在家庭中密切配合调节幼儿的饮食。升入幼儿园大班的幼儿将学习使用筷子，幼儿最初学用筷子需要练习的过程，也需要成人一对一引导正确使用方法，那么在升入大班前，家长可以在家庭中鼓励幼儿尝试使用筷子，帮助幼儿学会筷子的正确使用方法。在家庭中，也需要家长配合幼儿园的作息时间，使幼儿的作息时间尽量与幼儿园一致，培养幼儿良好的饮食、睡眠、盥洗等生活习惯和生活自理能力。

二是家长直接参与幼儿园的健康教育。

例如，家长若是牙医，可以进班为幼儿进行有关牙齿健康的教育；幼儿园可以邀请家长参观幼儿园食堂，品尝幼儿园制作的幼儿餐，请家长提出宝贵意见，这也有助于家长直观了解幼儿园的餐饮工作，增强对幼儿园后勤工作的信任与理解，更好地鼓励幼儿在园良好进餐，促进幼儿的生长发育。幼儿园的迎新年、逛庙会活动中，家长可以参与小摊位的美食制作活动，为幼儿制作冰糖葫芦、棉花糖等，既密切了家园联系，又激发了幼儿参与活动的兴趣；家长可以作为义工家长参加幼儿园的一日活动，体验教师组织幼儿的一日生活，对幼儿在幼儿园的一日生活有更细致的了解，有助于家长更清楚在家庭中如何配合幼儿园对幼儿进行健康教育。

(四) 适宜的环境教育

《纲要》明确指出："环境是重要的教育资源，应通过环境的创设和利用，有效地促进幼儿的发展。"环境分为物质环境和心理环境。物质环境就是教师对幼儿活动的周围环境进行布置，如物品的存放、布局，墙壁的装饰、颜色，幼儿的作品展示区角，等等，幼儿潜移默化地受到身边环境的影响。在心理环境方面，《纲要》中也指出，"教师的态度和管理方式应有助于形成安全、温馨的心理环境；言行举止应成为幼儿学习的良好榜样"。教师温暖、关爱的话语，对幼儿的欣赏和鼓励，可以让幼儿从中获得轻松愉快的感受，有利于幼儿健康人格的形成和良好性格的养成。教师的以身示范是最好的教育熏陶。

二 学前儿童健康教育的活动设计内容

学前儿童健康教育的活动设计主要是针对专门的健康教育活动设计的具体活动方案。一个具体的活动设计应包括活动名称、活动目标、活动准备、活动过程、活动延伸、活动反思六个要素，六个要素要齐全、不要遗漏。有的教师可以在活动名称和活动目标之间增加设计意图，阐述设计该活动的起源或理由，以及希望达到的目的；活动目标后可以提出本次活动课的教学重、难点；最后也有必要进行活动反思，在活动结束后对该活动的设计和开展情况进行总结、反思，反思目标达成、教学方法、师幼互动、幼儿发展等方面的情况，有利于教师改进教学活动，不断提升教学与组织能力。

（一）活动名称

活动名称即活动的标题，活动名称应包括年龄班、活动领域和具体的活动名称。例如"大班健康教育活动：换牙啦"，这个活动名称包含三层意思：一是表示该活动适合大班年龄段；二是属于健康领域活动，也可以更具体些，如安全教育活动、心理健康教育活动、体育活动等；三是具体的活动名称是"换牙啦"。

（二）活动目标

活动目标包括情感目标、认知目标和能力目标三个维度。情感目标主要是幼儿在健康或健康教育的兴趣、态度、价值观等方面的发展，如提高户外游戏中的自我保护意识；认知目标包括认知能力的发展和对知识的理解掌握，例如初步了解健康饮食"金字塔"，知道饮食的健康配比；能力目标是通过健康教育活动幼儿对具体的技能、能力的掌握及运用等，如初步掌握火灾时的正确逃生方法。

（三）活动准备

活动准备主要包括两个部分，一是物质准备，二是经验准备。

物质准备包括教师使用的材料和幼儿使用材料的准备。教师使用的材料是教师在教学活动中将用到的各种教具、PPT等；幼儿使用材料是幼儿在活动中将使用到的操作材料等。

幼儿经验准备是幼儿参与此次活动前应具备的基本经验，如在体育活动中幼儿要手、眼协调打准飞来的球，有抛接球的游戏经验。幼儿经验准备可以这样表述："经验准备：幼儿有抛接球的游戏经验"。

（四）活动过程

学前儿童健康教育的活动过程主要包括三个基本环节，即开始部分、基本部分、结束部分。

1.开始部分

开始部分又称导入部分,是教师在健康教育活动开始的环节调动幼儿参与活动的兴趣,引导幼儿顺利过渡到接下来的活动环节,如谈话导入、律动导入、故事导入、猜谜导入、图片导入、角色导入、实验导入、情景表演导入,等等。

2.基本部分

基本部分是健康教育活动的主要环节。在该环节里,围绕该活动的目标,根据活动需要采用适宜的活动形式,如集体活动、小组活动、个别活动;采用多种适宜的教育方法,如讲故事、谈话讨论、操作体验、讲解演示、情景表演等。这一环节中,教师引导幼儿积极参与活动,使幼儿在情感态度、认知和能力等方面获得发展,达成教育活动的目的。

此环节的设计要注意以下几个方面:一是符合本班幼儿的年龄特点和发展需要;二是紧密围绕该活动的目标;三是环节设计层层递进、由易到难;四是活动方法和活动形式的选择适宜,能有效调动幼儿参与活动的兴趣,能有效达成教育目标;五是注意教师的语言艺术,语言精练、有引导性,精心设计提问,预设对幼儿的有效回应。总之,通过此环节达成活动目标,促进幼儿的发展。

3.结束部分

结束部分对此次活动进行总结,引导幼儿将所学的知识或技能延伸到生活,解决生活中的问题。

(五)活动延伸

活动延伸是具体教育活动在幼儿园区域活动、幼儿园一日生活或家庭生活中的延伸,巩固在健康教育活动中所学的内容。

(六)活动反思

在活动结束后,教师应对本次活动进行反思,包括:教学目标设置是否科学合理,目标的达成度如何;哪些教学方法的运用效果较好,哪些教学方法需要调整;活动中幼儿参与是否积极、主动,活动是否良好地促进幼儿的发展;活动有哪些亮点,有哪些不足,如何改进;等等。每次活动后,教师都应及时对本次活动的各个方面进行总结、反思,只有善于总结、反思,不断改进教学工作,才能促进教师教育教学能力和专业水平的提升。

三 学前儿童健康教育活动设计

(一)小班活动设计

小班健康教育活动 病毒拜拜
北京市朝阳区丽景幼儿园 卫德玉

1.设计意图

《纲要》健康领域的内容与要求指出,"教育幼儿爱清洁、讲卫生,注意保持个人和生活场所的整洁和卫生"。同时,《指南》也强调了幼儿健康教育的重要性,提出幼儿应具备良好的生活与卫生习惯和基本的生活自理能力。小班幼儿对周围世界充满好奇心,但他们的生活经验和卫生意识相对较弱。通过本次活动,旨在帮助幼儿了解疾病预防的重要性,培养良好的卫生习惯,引导幼儿了解病毒的传播方式和预防方法,提高幼儿的自我保护能力,促进其身心健康发展。

2.活动目标

(1) 了解病毒的存在和危害,知道保护自己的方法。

(2) 掌握正确的洗手方法,养成良好的卫生习惯。

(3) 增强预防疾病的意识。

3.活动重难点

(1) 重点:明白病毒的危害,懂得如何预防疾病。

(2) 难点:理解疾病预防知识并能在生活中应用。

4.活动准备

(1) 物质准备:病毒头饰,实物(洗手液、口罩);游戏卡片(洗手液、口罩);与病毒相关的视频、图片等。

(2) 经验准备:幼儿已初步了解基本的卫生知识。

5.活动过程

(1) 情境导入。

教师戴病毒头饰,扮演"病毒小怪兽",与幼儿进行互动,引发幼儿的兴趣。

教师提问:小朋友们,你们知道这些是什么吗?它们会对我们的身体造成什么影响呢?

幼儿自由讨论。

教师小结:这些小小的东西叫作病毒,它们会让我们生病,所以我们要远离它们。

(2) 认识病毒。

借助图片或视频,向幼儿简单地介绍病毒的特点和传播方式,如飞沫传播、接触传播等。

教师提问:病毒是怎么进入我们身体的呢?我们应该怎么做才能不让病毒进入我们的身体呢?

幼儿自由发言。

教师小结:如果不注意卫生,病毒会传染到我们的身体里,所以我们要勤洗手、戴口罩、保持社交距离,如果咳嗽,要用纸巾捂住口鼻,这样才能保护好自己。

(3) 学习预防方法。

①现场示范正确的洗手步骤,引导幼儿跟着教师做,并强调洗手的重要性。

②分发口罩,让幼儿尝试正确佩戴口罩,讲解佩戴口罩的作用和方法。

教师提问:小朋友们,你们知道洗手的时候要注意什么吗?戴口罩的时候又怎么做呢?

幼儿自由发言。

教师小结:洗手要认真搓洗,每个地方都要洗到;戴口罩要盖住鼻子和嘴巴,用完的口罩要丢进垃圾桶。

(4) 游戏环节:病毒说拜拜。

①将幼儿分成若干小组,每组推选一名幼儿扮演"病毒"。其他幼儿则扮演"小卫士",任务是当"病毒"靠近时,"小卫士"用洗手液消灭"病毒",或者使用口罩挡住"病毒"。

②游戏结束后，请幼儿分享自己在游戏中的感受。

教师小结：小朋友们都很棒，成功打败了病毒！我们在生活中也要像今天玩游戏一样，认真做好疾病预防哦。

（5）活动总结。

与幼儿一起回顾本次活动的内容，强调疾病预防的重要性。根据学习的内容创编成儿歌《病毒拜拜》，引导幼儿在生活中注意疾病预防。

6.活动延伸

（1）鼓励幼儿将疾病预防的方法分享给家人，一起在生活中做好疾病预防。

（2）在阅读区提供与疾病预防相关的绘本供幼儿阅读。

7.活动反思

通过此次活动，幼儿对病毒有了更直观和深入的认识，掌握了一些基本的预防方法。教师在活动中观察幼儿在活动中的参与度和表现，评估他们对病毒预防知识的理解和掌握程度。活动过程中关注每个幼儿的参与情况，对于活动中表现较弱的幼儿，给予更多的指导和帮助，并反思活动中所采用的教学方法是否适合幼儿，是否能有效激发幼儿的学习兴趣。然而，要巩固幼儿良好的卫生习惯和加强幼儿的疾病预防意识，还需要教师和家长在日常生活中不断提醒和引导。

附儿歌：

病毒拜拜

病毒病毒快走开，
我是健康小宝贝。
勤洗手，多喝水，
口罩需要戴得牢。
咳嗽喷嚏捂口鼻，
早睡早起身体好。
多吃水果和蔬菜，
病毒见了快快跑。

（二）中班活动设计

中班健康教育活动 蔬菜王国

湘南幼儿师范高等专科学校附属幼儿园 吴美兰 唐土芬

1.设计意图

在享用中餐的过程中，教师观察到一些幼儿倾向于将青菜挑出置于盘中，而主要摄取肉类菜肴，对蔬菜的摄入表现出明显的抗拒。根据《指南》健康领域下的子领域——生活习惯与生活能力目标中的指导，我们应协助幼儿理解食物的营养价值，并引导他们养成均衡饮食、不偏食、不挑食的良好饮食习惯，特别要培养他们对瓜果、蔬菜等新鲜食品的喜爱。

为此，教师特别设计了此次活动。活动将通过实物展示、视频播放以及图片介绍等方式，帮助幼儿认识并了解生活中常见的蔬菜及其所含的丰富营养价值。同时，教师还将通过动手自制蔬菜沙拉的环节，激发幼儿对蔬菜的兴趣与喜爱，提升他们主动摄取蔬菜的意愿。通过这一活动，我们期望能够鼓励幼儿多吃蔬菜，逐步培养他们健康、均衡的饮食习惯，从而远离偏食、挑食的问题。

2.活动目标

（1）喜欢并愿意吃蔬菜，体验制作蔬菜沙拉的快乐。

（2）初步了解蔬菜中的营养价值及作用，知道吃蔬菜有利于身体健康。

（3）动手尝试制作蔬菜沙拉。

3.活动重难点

（1）重点：知道吃蔬菜有利于身体健康，喜欢并愿意吃蔬菜。

（2）难点：在生活中养成爱吃蔬菜的习惯。

4.活动准备

（1）物质准备：洗净的蔬菜（黄瓜、生菜、红萝卜、西红柿、胡萝卜），课件《蔬菜王国》，沙拉酱、盘子、碗、一次性手套、玩具刀、砧板若干。

（2）经验准备：幼儿对生活中的蔬菜有一定的认识。

5.活动过程

（1）猜一猜，认识各种蔬菜。

①教师出示课件中蔬菜图片的局部图，幼儿观察并猜一猜是什么蔬菜。

教师出示运用了蒙层的图片，并擦出蔬菜局部图片，请幼儿根据蔬菜局部图猜测出是什么蔬菜。

②玩竞赛游戏，幼儿找出课件中的蔬菜并点击，大家一起认识生活中常见的蔬菜。

幼儿两人一组操作，蔬菜掉落下来后快速点击，比比谁认识的蔬菜多。

（2）说一说，了解蔬菜营养价值。

①说一说自己喜欢吃的蔬菜，它是什么颜色的，对我们的身体有什么帮助？

幼儿自由表达自己喜欢吃的蔬菜，教师引导幼儿完整表达内容。

教师小结：原来吃蔬菜对我们的身体有这么大的帮助，可以让我们变得更强壮、长高，帮助我们增强抵抗力等。

②播放课件中的视频《为什么多吃新鲜蔬菜好》，引导幼儿了解蔬菜的营养价值及对人体的作用。

③师幼共同小结，加深幼儿对蔬菜营养价值的认识。

（3）做一做，体验自制蔬菜沙拉的快乐。

①教师逐一介绍已经准备好的蔬菜，和幼儿一起说一说蔬菜沙拉的制作步骤及注意事项。

②幼儿自制蔬菜沙拉，教师巡回教室观察幼儿在制作蔬菜沙拉时是否遇到问题。

③幼儿分享、品尝蔬菜沙拉，师幼小结。

（4）理一理，加深幼儿对蔬菜的认识。

教师小结：刚刚我们一起制作了蔬菜沙拉，也品尝了蔬菜沙拉。蔬菜是非常有营养的，有些蔬菜富含维生素A，如胡萝卜、青椒、南瓜、菠菜等，它们可以帮我们预防夜盲症，让我们的眼睛变得更亮，皮肤变得光滑。有些蔬菜含有维生素C，如西红柿，它可以帮助我们预防感冒、牙龈出血。还有大蒜和洋葱，作为有刺激性的蔬菜，它们可以帮助我们杀灭肠道里面的细菌。所以小朋友们，蔬菜能够给我们人体提供很多的营养，以后一定要多多地吃蔬菜，不能再把碗里的蔬菜挑出来了哦！

6.活动延伸

（1）在美工区可以投放常见蔬菜，制作蔬菜拓印画。

（2）在种植角种植蔬菜，供幼儿观察记录蔬菜的生长过程，感受生命的顽强。

（3）请家长带幼儿一起去逛逛超市或菜市场，通过摸一摸、看一看、闻一闻近距离接触各种各样的蔬菜；在家用不同的方法做多种多样的美味蔬菜食物。

7.活动反思

"蔬菜王国"这个主题贴近幼儿的生活。活动中以幼儿为主体，每名幼儿都积极参与，不管是在猜、说还是在体验环节，都可以看出幼儿兴趣浓厚。本次活动借助图片、视频及实物来完成，共设计了猜、说、做、理四个环节，活动环节层层递进，活动过程清晰明了，幼儿也在说和动手操作的过程中认识了常见蔬菜，了解了蔬菜中含有的营养价值及对人体的作用。

8.活动亮点

（1）创设情境，激发幼儿参与活动的兴趣。整个活动中，教师创设了蔬菜王国需要举办派对的情境，以国王的口吻带着幼儿进入第一个环节——猜一猜。情境很好地将幼儿的注意力吸引住，激发了幼儿参与活动的兴趣。

（2）幼儿感官刺激丰富，在实际操作、亲身感知中体验到了做蔬菜沙拉的快乐。活动中运用了图片、视频及实物，充分地刺激了幼儿的感官。幼儿在实际操作中，眼、鼻、耳、手同时作用，调动了多个感官参与活动，从幼儿的操作中可以看出幼儿的情绪愉悦，在品尝蔬菜沙拉时，他们非常满足，真正体验到了自制蔬菜沙拉的快乐。

（3）巧用信息技术，在互动中学习。活动中利用图片、视频及实物，幼儿通过猜一猜、说一说、看一看、理一理环节，调动了幼儿多方面的感官参与此活动。同时利用了白板制作交互式课件，运用了蒙层、课堂活动等信息技术充分调动了幼儿参与活动的兴趣，使整个活动更加有趣味性和情境性。蒙层的运用，很好地解决了需要出示蔬菜局部图的困惑；课堂活动中抓住了幼儿喜欢游戏这一特点，大大地调动幼儿参与活动的兴趣，体现了玩中学。这些信息技术的运用，调动幼儿多方面感官参与活动，增加了幼儿的互动性，使得幼儿在整个活动中兴趣盎然。

（4）以幼儿为主体，体现幼儿的自主性。整个活动中，幼儿积极参与活动，教师把幼儿放在主体地位。例如，在做一做环节中，请幼儿自主选取蔬菜，选什么蔬菜、需要多少等由幼儿自己决定并搅拌。教师充分尊重幼儿，充分体现了幼儿的自主性。

（三）大班活动设计

大班健康教育活动 奔跑吧

北京市朝阳区丽景幼儿园 张倩

1.设计意图

《纲要》中提出，综合地运用多种活动形式，提高幼儿的锻炼兴趣，为幼儿起示范作用。本次活动的内容选取了幼儿体育游戏中以及体能测试能够用到的折线跑，贴近幼儿的生活。《指南》中指出"幼儿阶段是儿童身体发育和机能发展极为迅速的时期"，同时也指出"发育良好的身体、愉快的情绪、强健的体质、协调的动作、良好的生活习惯和基本生活能力是幼儿身心健康的重要标志，也是其它领域学习与发展的基础"。可见健康教育活动的重要性，所以教师针对班级幼儿的情况，从幼儿实际出发，结合《指南》目标设计了此次健康教育活动。

2.活动目标

（1）巩固快速折线跑的运动技能。

（2）掌握快速折线跑的动作技巧。

（3）增强团队合作意识、运动中努力拼搏的精神。

3.活动重难点

（1）重点：巩固快速折线跑的运动技能并掌握快速折线跑的动作技巧。

（2）难点：通过身体各部位的协调完成折线跑中的快速变向。

4.活动准备

（1）物质准备：塑料圆帽、塑料锥桶、数字、哨子、彩色纸球。

（2）经验准备：幼儿掌握折线跑的运动技能。

5.活动过程

（1）慢跑热身活动。

教师带幼儿做热身运动，主要练习以下肢活动为主，进行适当的跑步热身。

（2）游戏：冲、冲、冲。

①教师带领幼儿观察游戏场地及材料，讲述游戏规则。

教师引导幼儿观察新的游戏场地，并为幼儿讲述游戏规则：依次摸到锥桶到达指定地点之后将彩色纸球放入塑料圈之中，从赛道中间回来，以接力的形式进行游戏。教师在讲述过程中可适当加入示范。

教师在这个环节中适当地加入游戏，即在游戏中通过自身的动作示范引导幼儿完成动作，同时也通过语言鼓励以及行动带动幼儿的游戏情绪。

②幼儿进行游戏尝试，教师根据幼儿参与游戏的情况给予适当的指导。

③幼儿分享游戏经验，教师总结幼儿分享的经验并提升，同时在关键点上可以加入动作示范，帮助幼儿更直观地理解。

④在幼儿再次尝试的过程中，教师进行观察并适当针对个别幼儿进行动作示范指导以及语言鼓励。

（3）游戏：时间挑战赛。

①增加时间挑战赛环节，在规定时间内，取到纸球最多的小组获胜。

②将锥桶换成圆帽，通过高度的降低提高游戏难度，幼儿进行游戏尝试，教师针对幼儿游戏进行总结。

③进行时间挑战赛。提高游戏的难度，教师通过动作示范和语言指导强化总结，帮助幼儿巩固

加强动作的掌握与提高。

（4）放松与提升。

教师带领幼儿肢体放松、拉伸等活动，同时对活动内容进行总结，帮助幼儿强化动作印象。

6.活动延伸

（1）日常生活：在日常生活中带领幼儿开展相应的户外游戏。

（2）家园共育：与家长及时分享关于幼儿基本动作的内容，提示家长在日常生活中可以观察幼儿的动作行为。

7.活动反思

本次活动的重点是巩固快速折线跑的运动技能并掌握快速折线跑的动作技巧。通过活动形式帮助幼儿巩固与加强折线跑的动作基本技能；通过活动中教师的不断指导和动作的示范以及幼儿的经验分享，帮助幼儿提升快速折线跑的运动技能。幼儿积极地参与活动，并且对于游戏规则能够认真遵守，对于活动中出现的问题能够认真思考，能够与同伴、教师进行分享。整个活动的过程中可以看出幼儿的情绪很高涨，虽然有幼儿中途出现身体疲惫的情况，但是在同伴、教师的鼓励下坚持完成了整个活动，在动作完成度上，班级中的幼儿基本都能够掌握快速折线跑的动作技巧。

◇ 项目小结

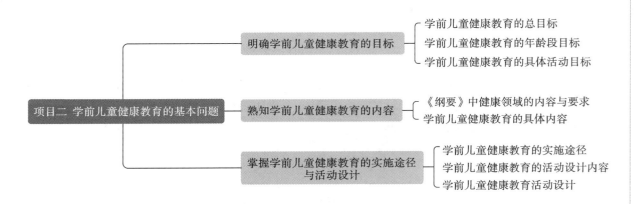

思考与练习

一、单项选择题

1.从生活中选择幼儿感兴趣的事物和问题作为教学内容的主要原因是（　　）。（选自2021年下半年幼儿园教师资格证考试）

　　A.教师容易制作教具　　　　　　　　B.便于教师教学
　　C.符合家长的希望　　　　　　　　　D.符合幼儿的学习特点

2.按照布鲁姆等人教育目标分类的观点，"了解青蛙的生长发育过程"属于（　　）。（选自2019年上半年幼儿园教师资格证考试）

A.情感目标　　　　　　　　　　　B.认知目标

C.动作技能目标　　　　　　　　　D.行为目标

3.关于学前教育任务最准确的表述是（　　）。（选自2018年上半年幼儿园教师资格证考试）

A.促进幼儿智力发展　　　　　　　B.促进幼儿身心的快速发展

C.促进幼儿社会性发展　　　　　　D.促进幼儿身心全面和谐发展

二、材料分析题

幼儿毛毛是一个活泼的孩子，在这学期体检时，毛毛被检查出弱视，需要佩戴眼镜治疗。李老师发现毛毛戴眼镜之后变得沉默了，有时还把眼镜摘下来不戴。李老师关心地询问毛毛，毛毛说怕小朋友笑话，所以不想戴。李老师组织了一次"眼睛生病了怎么办"的集体活动。活动后，幼儿都知道眼睛生病了要治疗，毛毛戴眼镜也是为了治疗。毛毛又戴上了眼镜，如同过去一样活泼好动了。（选自2021年下半年幼儿园教师资格证考试）

问题：李老师组织这次活动主要解决的问题是什么？李老师的做法有哪些方面值得我们学习？

思考与练习参考答案

实践与实训

实训： 为了帮助小班新入园幼儿尽快适应集体生活，余老师准备开展"高高兴兴上幼儿园"系列主题活动。请围绕该主题为余老师设计三个子活动。（选自2020年下半年幼儿园教师资格证考试）

目的： 提高对健康教育活动方案的设计能力。

要求：

（1）写出主题活动总目标。

（2）写出其中一个子活动的活动方案，包括活动的名称、目标、准备和主要环节。

（3）写出另外两个子活动的名称、目标。

形式： 小组合作。

实践与实训参考答案

思政案例

强化教育理念，提高育人本领

陶行知（1891—1946），安徽省歙县人，中国人民教育家。1914年毕业于金陵大学，后赴美留学。1917年回国后推行平民教育，认为"教育是共和国的保障"，并把毕生精力投入教育。

2011年，为纪念陶行知先生诞辰120周年，安徽影业有限责任公司制作了电影《陶行知》，该电影是一部以伟大的人民教育家陶行知先生为主人公的传记故事片。影片讲述了陶行知先生献身教育、教书育人、爱满天下的动人故事；特别刻画了陶行知先生留学归来以后，创办平民教育、提倡教育救国的爱国形象；介绍了陶先生的教育理论和教育实践，以及无私的奉献精神和高度的爱国主义思想。

电影《陶行知》讲述了陶行知先生富于创意而又充满艰辛的教育生涯。他研究西方教育思想并结合中国国情，提出"生活即教育""社会即学校""教学做合一"等教育理论。其中"教学做合一"教育理论仍是当今职业教育之特点，对提高学生职业能力具有非常重要的意义。

陶行知提出了"六大解放"的教育主张，即解放儿童的头脑，使之能想；解放儿童的双手，使之能干；解放儿童的眼睛，使之能看；解放儿童的嘴，使之能说；解放儿童的空间，使之能接触大自然和大社会；解放儿童的时间，使之学习自己渴望学习的东西。教师要引导儿童到大自然和社会中去，体验、感知、创造，获得知识和技能。

经典的"四颗糖的故事"：有一个男生用泥块砸自己班上的男生，被校长陶行知发现制止后，命令他放学后到校长室去。放学后，陶行知回到校长室，男生早已等着挨训了。可是陶行知却笑着掏出一颗糖果送给他，说："这是奖给你的，因为你按时来到这里，而我却迟到了。"男生接过糖果。随后陶行知高兴地又掏出第二颗糖果放到他的手里，说："这也是奖励你的，因为我不让你打人时，你立即住手了，这说明你很尊重我，我应该奖你。"男生惊讶地看着陶行知。这时陶行知又掏出第三颗糖果塞到男生手里，说："我调查过了，你用泥块砸那些男生，是因为他们欺负女生；你砸他们说明你很正直善良，且有跟坏人作斗争的勇气，应该奖励你啊！"男生感动极了，他流着眼泪后悔地喊道："陶校长，我错了，我砸的不是坏人，而是同学……"陶行知满意地笑了，他随即掏出第四颗糖果递过来，说："为你正确地认识自己的错误，我再奖给你一块糖果，我没有多的糖果了，我们的谈话也可以结束了。"陶先生在对学生的教育方法中，有尊重、有理解，有肯定、有鼓励，严厉中带有宽容和爱，最后让学生在轻松的环境中，懂得了道理。

"捧着一颗心来，不带半根草去"正是陶先生毕生爱教育、爱学生、爱满天下、无私奉献的精神写照。

作为一名教师，要有爱心、耐心和细心，扎实工作，乐于奉献；善于观察，善于抓住新的突破点，善于从实践中加以提炼；刻苦学习，不断钻研，研究新方法，解决新问题，教书育人，砥砺前行。

项目三　学前儿童安全教育

◇**学习目标**

素质目标：提高安全防范意识，注重网络安全、生命财产安全等；懂得安全教育无小事，增强安全教育常抓不懈的责任感。

知识目标：理解学前儿童安全教育的目标，掌握学前儿童安全教育的内容及学前儿童安全教育的实施途径；掌握处理幼儿园紧急安全事故的方法。

能力目标：能根据学前儿童各年龄班身心发展特点，设计和组织实施学前儿童安全教育活动；能够做到安全演练常态化。

◇**情境导入**

在某幼儿园的午餐时段，张老师正提着一桶开水朝着中一班教室的方向走去。然而，就在此刻，一名幼儿突然间冲出了教室，情况十分危急。此时，夏园长恰好从中二班教室走出，她迅速而果断地抱起了该幼儿，从而成功地避免了一场可能发生的意外事故。或许，有人会对此次事件提出疑问：为何会发生如此巧合的情况？在用餐时间，幼儿理应安静地坐在教室里，而且幼儿园也一直在强调安全教育的重要性。

此案例说明，防范安全事故无处不在，没有万一，也没有如果。碰到危险情况，即使一个成人也难于躲避，更何况一个孩子呢？幼儿由于年龄小，好奇心较强，喜欢这里摸摸、那里看看，安全防范意识薄弱，当危险来临时无法应对和逃离，特别容易受到伤害。因此，幼儿园教师如何才能提高安全事故的应急处理能力呢？如何教育、引导幼儿学会保护自己，提高幼儿的安全防范意识、规则意识呢？

安全无小事，通过本项目的学习，相信你会找到答案。

任务一　认知学前儿童安全教育

一　学前儿童安全教育的目标

《纲要》明确指出："幼儿园必须把保护幼儿的生命和促进幼儿的健康放在工作的首位。"教师必须把安全教育纳入一切活动中去，时时处处把幼儿安全作为第一要务。在安全的范围内，充分发挥幼儿的自主性、独立性和创造性。安全既是幼儿园教育的内容，也是一个人成长教育的宗旨。

《指南》明确指出了安全教育各年龄段的目标，如表2-9所示。

二　学前儿童安全教育的内容

《纲要》在健康领域中提出："知道必要的安全保健常识，学习保护自己。"可见，幼儿园所有活动必须以安全为出发点和归宿，促使学前儿童提高安全意识，掌握必要的安全知识和技能，养成良好的自我保护习惯，从而防止意外伤害事故的发生。

（一）培养学前儿童自我保护和安全意识

学前儿童安全意识就是学前儿童对基本的安全知识的认识以及对保证自身安全的基本规则、行为的认识。教育他们懂得安全的重要性，安全就是生命，从而知道生命的可贵，生命没有可逆性。幼儿一旦遇到伤害，会影响其生理活动，有的甚至危及生命。

特别是幼儿园，在人多密集的地方，安全问题无处不在，时刻要引起教师的注意。比如一日生活中的安全内容：幼儿上下楼梯的安全；上厕所的安全；吃饭、午睡时的安全；户外体育活动的安全问题；等等。

以"交通安全"为例，教育幼儿了解交通规则的内容。如何过马路，过马路的安全规则——红灯停，绿灯行，黄灯等一等；乘车的安全，头和身体各部位不要伸出窗外；家长的共同配合、一致性教育；等等。

（二）教育学前儿童掌握安全知识与技能

学前儿童安全知识与技能的掌握主要体现在对自然环境（如暴雨、雷电、泥石流、地震、海啸等）变化的感知与基本应对技能，对社会环境（过马路、公共场所聚集地、食品卫生安全等）中不安全因素和危险处境的认识与应对。

具体表现在交通安全教育，消防安全教育，食品安全教育，防触电、防溺水教育，玩具安全教育，生活安全教育等方面。

1. 交通安全教育

了解基本的交通规则；认识交通标志，并且知道这些交通标志的意义和作用；不在马路上踢球、玩耍、游戏、滑滑板车等，知道安全乘车的注意事项，遇到紧急情况知道拨打求救电话110、119、120等。

2. 消防安全教育

懂得玩火的危险性，让幼儿掌握简单的自救技能，火灾演练常态化。比如：发生火灾时应该怎么做，遇到紧急情况时，拨打求救电话110、119、120等。

微课视频
《防火安全》
扫码学习防火安全知识。

微课视频
《灭火器的使用方法》
扫码学习灭火器的使用方法，提拔握压。

3. 食品安全教育

培养幼儿良好的饮食习惯，不吃不安全的食品，防止食物中毒。严禁吞食非食用食品；严禁拣食不明物体、腐烂食物吃；不要随便触碰药品，做好药品的保管，药品放在幼儿够不到的地方，放在药柜里，一定要上锁；幼儿园膳食安全的管理；等等。

> **案例导入**
>
> 3岁多的琪琪看见外婆经常吃药，出于好奇，她打开了家里的一瓶降血糖药，就把药往嘴里塞。正好被外婆看见，外婆试图抠出但没抠出来，于是立即拨打120求救电话，带上误食的药品，及时送医。
>
> 幼儿的好奇心和模仿力都非常强，他们看到大人吃药，很可能也会跟着学。外婆常在琪琪面前吃降血糖药，吃完药后却没有把药放好，这才引起了一场风波。所以家长要做好药品管理，服药后，药瓶不能随便放，要及时放好、锁到柜子里，千万不要跟幼儿说"药是糖"。

4. 防触电、防溺水教育

不要随便玩电线、拉电线，不将铁丝等插到电源插座里；一旦发生触电事故，应该怎么做；不要私自到河边玩耍、私自到河里游泳，同伴失足落水时如何做；遇到紧急情况时知道拨打求救电话110、119、120；等等。

微课视频
《用电安全常识》
扫码学习用电安全知识。

微课视频
《不做孤"泳"者,防"溺"于未然》
扫码学习游泳安全,防患于未然。

5.玩具安全教育

幼儿在幼儿园的时候,几乎一半时间都是和玩具打交道。幼儿玩不同的玩具要有不同的安全要求。

知道玩大型玩具时的注意事项,如玩滑滑梯时,有规则要求:要排队,一个接一个,不要抢,前面的幼儿滑到底且离开后,后面的一名幼儿才能往下滑;在玩小型玩具时,如玩玻璃球时,不能将这些小型玩具放入口、耳朵、鼻子中,以免发生危险。

6.生活安全教育

一日生活皆安全教育。要把热水瓶、药品、火柴、刀具等物品放到幼儿够不到的地方;阳台或窗台要有安全保护措施;要使用安全的电源插座;等等。

教育幼儿不要携带锐利的器具;在游戏、运动时,要遵守规则,不要瞎跑、猛推;在公共场所,不要脱离成人视线,以防被拐骗;推门时应该注意的事项;等等。

微课视频
《防震知识》
扫码学习防震知识。

微课视频
《科学避震,保护生命》
扫码学习如何科学避震知识,保护生命。

微课视频
《上下楼梯的安全》
扫码学习掌握"上下楼梯的安全"知识。

任务二　掌握学前儿童安全教育的实施途径与活动设计

一　学前儿童突发意外伤害事故的原因

学前儿童发生意外伤害事故的原因有自身原因和外部原因。这里主要从幼儿园角度，阐述发生意外伤害事故的原因。主要表现在以下三个方面。

（一）与幼儿的身心发展特点相关

幼儿年龄小，在这个阶段生长发育迅速，喜欢运动，喜欢探索，有时感知不到外界的危险，或者当危险来临时，不能正确应对。幼儿危险意识和自我保护能力较弱，容易受到伤害，如攀爬阳台、上下楼梯、滑滑梯等活动时容易跌伤、擦伤、摔倒等。

（二）与保教人员责任感不强，安全防范意识不力有关

幼儿园教师在工作中，往往由于一时疏忽，责任心不强，造成了对幼儿的伤害。比如，在校车接送过程中，跟车教师下车后，忘记了清点幼儿人数，把幼儿遗忘在校车里，导致事故；幼儿在吃饭时，容易撒饭、撒汤，教师没有及时清理地面，会造成幼儿摔倒；在盥洗室里，教师没有及时擦干地面、保持地面干燥，容易导致幼儿摔倒；等等。

（三）与幼儿园安全制度不完善有关

幼儿园没有建立、健全安全事故防范应急预案机制；安全演练没有形成常态化，流于形式。比如，食堂食物的采购与保管，园内器材、玩具的常规检查与定点、定时检查，校车接送专人负责等，这些都要形成制度化、常规化，确保安全防范不留死角。

幼儿园一般安全事故的救治策略主要有六个方面的内容，即外伤（如碰伤、割伤、摔伤、骨折等），烫伤，异物卡喉，溺水，蜂蜇伤，幼儿吃错药。

拓展资源
"幼儿园一般安全事故的救治策略"
扫码学习掌握幼儿园一般安全事故的救治策略。

微课视频
《烫伤处理》
扫码学习烫伤处理的应对方法。

微课视频
《海姆立克急救法》
扫码学习了解海姆立克急救法。

微课视频
《心肺复苏法》
扫码学习了解心肺复苏法。

二 学前儿童安全教育的实施途径

幼儿园是不允许出现安全事故的，然而极端事件还是会发生，虽然发生的概率很小，但是这里必须反复强调，以期引起教师的足够重视。比如，幼儿碰伤、烫伤（如饭菜汤、开水等）、摔伤、骨折等，当意外伤害事故发生后，教师必须把幼儿生命安全放在第一位，正确应对，第一时间迅速、及时地救治幼儿，将幼儿的伤害降到最低。

根据学前儿童安全教育存在的问题，突出幼儿园"保教并重"的特点，教师在注重安全知识传授的同时，还要强化幼儿安全行为的训练，采用游戏、讲解示范、参观、演练、环境创设等方法，让幼儿在碰到危险情况时，能够机智运用所学的知识与本领，正确应对与处理；尽量将伤害降到最低，确保幼儿生命安全。

（一）建立完善的安全教育工作制度

幼儿园要建立和完善安全教育工作制度、常规安全管理机制和特殊情况下的应急管理机制。以园长为第一负责人，幼儿园须构建"园长-副园长-年级主任（保健员）-教师"四级联动的安全管理机制，各级成员之间都有明确的分工，认真履行岗位职责，强化人、财、物的管理，从物到人都要有安全监测体系，不留任何安全盲区，发现问题，及时处理，将安全隐患消灭在萌芽状态。

（二）融入一日生活中的安全教育

在幼儿一日生活中，教师要始终将幼儿生命安全放在首位。比如：在幼儿自由活动、游戏时，教师应防止幼儿乱跑、摔跤、争抢玩具发生碰撞；户外活动时，教师首先要检查器材的安全性；吃饭时，幼儿要遵守规则，不讲话、不说笑；午睡时，教师要做好观察，观察幼儿午睡的姿势、面色等。从幼儿入园到离园，教师都要有高度的责任感和责任心，充分保证幼儿的安全。

（三）体现在教学活动中的安全教育

在幼儿园的安全教育活动课上，教师要采取合适的教学方法，如游戏法、安全演练法、参观体验法等，让幼儿掌握基本的安全知识，懂得安全的重要性，不做危险事情，提高安全防范意识。

如图3-1、图3-2所示，幼儿园正在开展安全教育活动，幼儿体验"不做危险的事情""对陌生人说不"。

图3-1　幼儿体验"不做危险的事情"
（图片来自北京市朝阳区丽景幼儿园）

图3-2　幼儿情景表演"对陌生人说不"
（图片来自北京市朝阳区丽景幼儿园）

（四）形成安全演练常态化意识

安全教育的形式需要多样化。例如在日常生活、教育活动、游戏、环境中要有宣传标语等对知识进行宣传、理解，更需开展安全演练以提升技能，碰到危险时能正确应对。特别是当遇到突发事件如地震、发大水、火灾等时，能够机智应对，用所学的知识正确应对，有序撤离，这样是可以避免一些伤亡的。因此，安全演练常态化应是幼儿园安全教育实施中不可或缺的重要一环。

三 学前儿童安全教育的实施方法

拓展资源
"学前儿童安全教育的实施方法"
扫码学习、掌握学前儿童安全教育的实施方法。

四 学前儿童安全教育活动设计

（一）小班活动设计

小班健康教育活动 小椅子，大安全

北京市朝阳区丽景幼儿园 苌静雅

1.设计意图

小班幼儿正处于好奇、好动、好模仿的年龄阶段，他们经常会对周围的事物产生浓厚的兴趣，并尝试模仿和玩耍。幼儿在日常生活中经常会接触到椅子，而他们的好奇心强、探索欲望旺盛，很容易将椅子视为一种玩具来玩耍，不正确地使用椅子，可能会导致椅子翻倒、幼儿受伤等安全事故的发生。幼儿正处于身体发育和认知发展的关键时期，他们的自我保护意识和能力相对较弱。因此，开展"小椅子，大安全"这一安全教育活动，通过活动帮助幼儿理解安全使用椅子的方法和重要性，学会正确使用椅子，避免因为不正确使用而导致的意外伤害。学会保护自己，逐步提高自我保护的能力。

2.活动目标

（1）理解安全使用椅子的方法和重要性。

（2）在日常生活中正确使用椅子，避免因为不正确使用而导致的意外伤害。

（3）学会保护自己，逐步提高自我保护的能力。

3.活动重难点

（1）重点：理解安全使用椅子的方法和重要性，在日常生活中正确使用椅子。

（2）难点：学会保护自己，逐步提高自我保护的能力。

4.活动准备

（1）物质准备：幼儿园内的椅子、贴创可贴的小熊玩偶、安全故事及图片若干。

（2）经验准备：幼儿有集体活动的经验，认识经常接触的小椅子的基本结构和特征。

5.活动过程

（1）教师出示小熊手偶，引起幼儿兴趣。

引导语：我是小熊，今天贴了创可贴，因为我受伤了，哎！真疼呀！（教师出示玩具小熊手偶）

（2）讲述故事，引导幼儿讨论小熊为什么会受伤。

①教师边操作小熊玩偶,边讲述小熊使用椅子导致受伤的小故事,引起幼儿的兴趣和注意力。

引导语:小朋友想不想知道发生了什么事情呢?让我们一起来听小熊讲一讲吧!

②教师提问,引导幼儿回忆故事内容。

教师提问:在故事里发生了什么事?小熊为什么会受伤呢?

幼儿自由发言。

教师小结:椅子是用来坐的,我们能不能把椅子当作玩具玩。

教师提问:小熊应该怎样做?

幼儿自由讨论。

教师小结:小椅子是我们的好朋友,使用它时要注意安全,双手搬着小椅子慢慢走,不在椅子上跪着或者坐在上面摇摇晃晃,这样很危险,要稳稳地坐在小椅子上。

(3) 我和哥哥、姐姐学本领。

①邀请两名大班的哥哥、姐姐讲解如何安全使用小椅子。

大班幼儿示范正确使用椅子的方法,如搬椅子的方法,怎样坐稳、不晃动等。

教师小结:小朋友安全使用椅子,要双手端平小椅子放胸前,凳腿朝下慢慢走,走到位置时轻轻放下,小脚平平放地上,身体坐正不摇晃。

②出示相应安全使用椅子的图片,引导幼儿跟随图片内容学一学、做一做。

幼儿结合图片提示,运用正确的方法进行搬、坐椅子等。

(4) 通过安全儿歌,巩固正确使用椅子的方法。

①幼儿一起欣赏安全儿歌:《小椅子,大安全》。

小椅子,我会搬,

双手端平放胸前,

凳腿朝下慢慢走,

走到位置轻轻放,

小脚平平放地上,

身体坐正不摇晃,

安全重要放心上,

保护自己我最棒!

②引导幼儿尝试一起说一说安全儿歌,巩固安全使用椅子的方法。

③鼓励幼儿边说儿歌边动手搬椅子、坐椅子。

④邀请几名幼儿展示如何正确搬椅子、坐下,安全地移动椅子等。

(5) 创设游戏情景"小熊的家",幼儿在游戏中学会安全使用椅子。

教师带领幼儿来到小熊的家,鼓励幼儿和小熊一起去幼儿园,幼儿扮演小哥哥、小姐姐,一起教小熊安全使用椅子。

6.活动延伸

(1) 角色扮演游戏:设置特定的安全场景,让幼儿扮演不同的角色(如小朋友、教师、家长等),通过模拟实际情况,让幼儿在游戏中学会如何正确使用椅子,并在遇到不安全行为时及时提醒和制止。

（2）亲子安全课堂：邀请家长参与，共同设计和实施一些亲子安全教育活动，让家长在家中也能引导幼儿正确使用椅子，形成家园共育的良好氛围。

7.活动反思

本次小班安全教育活动"小椅子，大安全"，结合小班的年龄特点，以游戏化、拟人化的方式引出活动主题，通过小熊受伤了，来进一步了解安全使用椅子的重要性。活动通过情景创设、故事导入、儿歌讲述、幼幼互动、亲身体验、实际操作等方式，注重了趣味性和互动性。在活动实施过程中，每名幼儿都能参与其中，通过亲身体验和实际操作来加深对安全知识的理解，幼儿在轻松愉快的氛围中习得安全知识，增强他们的安全意识。"小椅子，大安全"这一安全教育活动，通过直观、生动的方式，让幼儿认识到椅子的正确使用方法，理解安全使用椅子的重要性，并学会正确使用椅子。这不仅有助于预防因错误使用椅子而导致的意外事故的发生，还能够培养幼儿的安全意识和自我保护能力，为他们的健康成长打下坚实的基础。

（二）中班活动设计

中班健康教育活动 特殊号码我知道

华中师范大学幼儿园 张黎 冉小平

1.设计意图

110、119、120这些特殊的电话号码在日常生活中早已深入人心。通过观察，发现幼儿虽然知道这些紧急电话，但是对其功能作用还不是很了解，更不清楚在什么情况下拨打哪一个特殊号码。

怎样让幼儿在遇到突发事件的时候会冷静、正确地处理问题呢？针对这一情况，教师设计了"特殊号码我知道"安全教育活动，让幼儿知道特殊号码的用途，增强幼儿在应对紧急状况时的应对策略与措施，通过情景模拟让幼儿学会分辨紧急电话的不同用途，并能正确拨打特殊电话。

2.活动目标

（1）知道110、119、120几种特殊号码及用途。

（2）学习使用特殊电话号码，知道不能随意拨打。

（3）初步培养幼儿的自我保护意识及安全意识。

3.活动准备

（1）物质准备：电话1部、PPT课件、马克笔若干，以及110、119、120特殊号码图片各1张。

（2）经验准备：见过特殊号码。

4.活动过程

（1）导入活动"小鸟和小老鼠"，引出特殊号码，初步了解110、119、120号码的特殊性。

附儿歌：

小鸟，小鸟，住在大树上，

小老鼠，小老鼠，住在大树下，

喇叭花，喇叭花，爬呀爬呀爬，

喇叭花，喇叭花，变成小电话，

喳喳喳，吱吱吱，
小鸟跟小老鼠说着悄悄话。

教师提问1：小鸟和小老鼠是怎么说悄悄话的？（打电话）

教师提问2：有几个号码很特殊，跟我们平时打的电话号码不一样，你知道是哪几个吗？（出示110、119、120特殊号码图片）

教师小结：家里的座机号码和手机号码的数字很长，有8～11位数。在我们生活中比较常见的特殊电话号码有三个，它们只有3位数，分别是报警电话110、火警电话119和急救电话120，这三个号码是我们在碰到危险和紧急情况下使用的。

（2）初步了解特殊号码的作用。

教师提问1：110是什么电话？什么时候拨打110？

（110是报警电话，抓小偷、抓坏人的时候拨打。）

教师提问2：119是什么电话？什么情况下拨打119？

（119是火警电话，发生火灾的时候拨打。）

教师提问3：120是什么电话？什么时候拨打120？

（120是急救电话，受了严重的伤或是得了急病、重病的时候拨打。）

（3）初步学习在紧急情况下该如何拨打特殊电话。

①场景一：有小偷了怎么办？

教师提问（出示PPT中小偷的照片）：发生了什么事？（有小偷）怎么办啊？（拨打报警电话110找警察叔叔）

幼儿自由交流讨论，教师提问：警察叔叔问了什么？我们应该怎么说？

教师小结：拨打报警电话110时，要说清事情发生的具体地址（如具体的街道、旁边有什么大的建筑物等），发生了什么事情及你的姓名和联系电话等。

②场景二：生病了该怎么办？

教师提问（出示PPT中生病小朋友的照片）：图中的小朋友怎么了？我们应该打什么电话？应该怎么说？

幼儿自由发言，教师指导幼儿拨打电话。

③场景三：着火了怎么办？

教师提问（出示PPT中着火的图片）：该打哪个电话？应该怎么说？

幼儿自由发言。

教师小结：我们在拨打火警电话119和急救电话120时，也都要说清楚事情发生的具体地址是哪里、发生了什么事情、你是谁、你的联系电话是多少，这样才能方便救援人员迅速赶来。

5.活动延伸

带领幼儿到美工区用马克笔绘制特殊号码。

6.活动反思

幼儿以具体形象思维为主，动态的有声画面是幼儿所喜爱的，更容易激发幼儿的学习兴趣。在教学活动中，借助图片展示与情景模拟等教学手段，对于增强幼儿对特殊号码的记忆能力具有显著效果。

拨打电话是社会交往能力的体现，教师在整个活动过程中采用情境化的活动方式，让幼儿能够灵活判断何种情况拨打何种号码，丰富了幼儿的生活经验，提升了幼儿的语言表达能力。

在教育教学过程中，教师致力于将教学内容以形象、生动、富有趣味性的方式呈现，通过创设趣味性的情景模拟互动环节，使幼儿能够在轻松愉快的氛围中掌握新知识，从而有效实现教学目标。

（三）大班活动设计

大班健康教育活动 地震了，怎么办？
华中师范大学幼儿园 石杨

1.设计意图

自汶川大地震之后，我国将每年的5月12日定为"全国防灾减灾日"。为深化幼儿对地震这一自然灾害的基本认知，并提升其应急避震的实践能力，加强幼儿在地震发生时的快速疏散和自我保护能力，教师精心设计了本次活动，旨在通过实践体验的方式，使幼儿能够掌握地震发生时的正确应对方法，从而进一步增强其安全保护意识。

2.活动目标

（1）萌发自我保护意识。

（2）了解地震给人们生活带来的危害，学习地震时安全自救的常识。

（3）能大胆讲述已知的地震知识。

3.活动准备

（1）物质准备：课件《地震了，怎么办》、地震发生后的照片。

（2）经验准备：有过逃生演习的经验。

4.活动过程

（1）导入内容，幼儿观看课件，引出活动主题。

①教师提问：刚才我们看到的画面，你们知道是发生了什么事吗？（地震）

②教师提问：你们从哪些方面看出是地震？

教师引导幼儿从房屋破坏、地面裂开、人员伤亡等方面进行描述。

③教师小结：视频里面的地面剧烈地摇晃、移动，房屋一间一间地倒塌，人们纷纷躲避，哭声喊声连成了一片，这里发生了地震。

（2）理解地震的含义，初步了解地震产生的原因。

①教师提问：你们知道这种现象为什么叫地震吗？

（因为它使地壳发生剧烈的运动，使地面产生了颤动，所以叫地震。）

②幼儿讨论：地震是怎么产生的呢？

教师小结：我们人类生活在地球的表面，即地壳，地壳不是静止不动的，它像一个顽皮的孩子一样总是不停地运动。为什么我们感觉不到地壳在运动？那是因为它运动得慢，如果它运动力气过大、过猛，地壳上的岩层就经受不住力的冲击发生断裂，于是出现了地震！

（3）结合课件，了解地震所造成的危害。

引导语：地震时有什么现象，会给我们的生活带来哪些危害？老师这里收集了一些地震后的图片，我们一起来看一看。

教师小结：地震摧毁了所有的房屋，地震还造成了山体滑坡、桥梁中断，压死、压伤了许多人；许许多多的人失去了亲人，无家可归，也有许许多多的小朋友成了孤儿。

(4) 学习自救的方法。

①在刚发生地震时，一定要跑到空旷的地方，四周不要有广告牌、电线杆等东西，以免倒下来时被砸到。跑的时候一定要抱着头，保护好头部。要是在短时间内跑不了或来不及跑了，那就"躲"，一定要躲在家中最小的房间里，如卫生间、厨房、结实的桌子下、床下等，切断电源、关掉煤气，等到地震过后及时撤离。

② 地震是可怕的自然灾害，但地震是可以预测的。虽然我们仍然无法精准预测地震发生的时间、地点等因素，但通过科技手段，我们可以尽可能地减少地震造成的财产和人员损失。例如，我们可以通过地震预警系统和氢气浓度预测技术来提前预警地震的发生，这可以有效提升避难效果。

③ 如果是我们幼儿园发生了地震，我们该怎么办呢？

教师小结：如果是我们幼儿园发生了地震，在初步震动的时候，我们迅速抱着头，有顺序地排着队跑到下面操场的空地上去，跑的时候一定不能推、不能挤，所有人沿着楼梯迅速地往楼下跑去。

(5) 完成操作表"地震了，怎么办？"

5.活动延伸

教师带领幼儿进行地震演习。

6.活动反思

从本次活动的实施效果来看，大部分幼儿对地震有了初步的认识，并且掌握了基本的应急避震方法。但在活动过程中，也有一些问题和不足之处，例如：部分幼儿对地震的认识还不够深入，需要进一步加强相关知识的普及；在活动过程中，教师的引导和讲解还需要加细致和具体，以便幼儿更好地理解和掌握相关知识。

针对以上问题，在今后的活动中可以采取以下措施加以改进：一是增加地震相关知识的介绍和讲解，帮助幼儿更全面地了解地震的成因、过程和影响。二是增加模拟演练的次数和难度，提高幼儿的应变能力和自我保护意识。三是教师需要更加细致地引导和讲解，确保幼儿能够充分理解和掌握相关知识。

总之，通过"地震了，怎么办？"这一活动，幼儿们对地震有了初步的认识，并掌握了一些基本的应急避震方法。在今后的活动中，我们将继续加强相关知识的普及和演练，提高幼儿的自我保护意识和应变能力。

◇ 项目小结

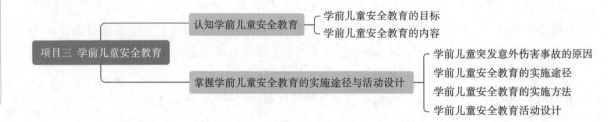

思考与练习

一、单项选择题

1.幼儿园户外活动时,妞妞与丁丁撞到一起,丁丁摔倒并摔伤了手肘,对于丁丁所受到的伤害,应承担赔偿责任的是(　　)。(选自2021年下半年教师资格证考试)

A.幼儿园　　　　　　　　　　　　B.妞妞的监护人

C.妞妞与丁丁的主班老师　　　　　　D.妞妞的监护人与丁丁的监护人

2.幼儿园创设物质环境时,首先应考虑的要求是(　　)。(选自2022年上半年教师资格证考试)

A.经济性　　　B.安全卫生性　　　C.功能性　　　D.美观性

3.在幼儿园事故处理中,受伤幼儿的监护人无理取闹,扰乱教育教学秩序,幼儿园应当(　　)。(选自2022年下半年教师资格证考试)

A.报告公安机关依法处理　　　　　　B.报告纪检监察部门依法处理

C.空缺　　　　　　　　　　　　　　D.报告人民检察院依法处理

二、简答题

1.学前儿童安全教育的具体内容有哪些?

2.学前儿童安全教育实施的途径是什么?

3.为什么安全演练要常态化?

三、材料分析题

杨老师带班后不久就遇到一件麻烦的事。午餐时,小强被小斌打了。杨老师立刻打电话通知双方家长。没想到家长来后都认为自己的孩子没有错,吵得不可开交,最后竟然动起手来……幼儿冲突的问题并没有解决,类似这样的事情杨老师又遇到过几次,很是头疼。为有效处理幼儿冲突问题,杨老师主动向有经验的教师请教,还查阅了许多幼儿心理发展方面的书籍,咨询幼儿教育专家,了解幼儿心理发展知识,探寻幼儿冲突行为的诱因,寻求破解良策。经过长期理论和实践的积淀,杨老师逐渐成为处理幼儿冲突方面的专家,并出版了《杨老师教你应对幼儿冲突50招》一书。为妥善处理幼儿之间的冲突,杨老师定期在幼儿园为家长作专题讲座,还经常与家长沟通幼儿的情况,其所在幼儿园幼儿之间的冲突事件逐渐减少,家长之间因幼儿冲突而产生的矛盾也渐渐消失了。(选自2022年上半年教师资格证考试)

问题:请结合材料,从教师观的角度,评析杨老师的教育行为。

 思考与练习参考答案

实践与实训

实训一： 观看"海姆立克手法"和"心肺复苏"两个视频，并模拟操作，拍摄一个视频，上传班级群，相互学习、研讨。

目的： 提高安全防范意识，掌握学前儿童意外伤害事故紧急处理方法，真正学懂、学会。

要求： 反复练习、模拟、操作；拍摄视频认真、严谨、规范，禁止敷衍了事。

形式： 小组合作。

实训二： 以学前儿童安全教育为内容，任选一个年龄班，设计一个活动方案，并制作相应的课件、教具等，根据活动方案模拟教学。

目的： 掌握学前儿童安全教育活动设计的方法；根据各年龄班幼儿特点，能科学指导、实施教学活动。

要求： 活动方案结构完整，模拟教学后，各小组成员间互相评课。

形式： 小组合作。

实训三： 以学前儿童安全教育为内容，模拟安全演练，并拍摄视频，将拍摄的视频上传至班级群。

目的： 掌握学前儿童安全教育的具体内容，掌握安全教育演练方式，从实际演练中获得防范技能。

要求： 活动方案设计完整，拍摄的视频重点突出，主要体现在如何自救、逃生方面，视频时间为5~8分钟。

形式： 小组合作。

思政案例

生命至上，安全第一，提高安全防范意识

一场巨大的灾难，猝不及防地降临人间。2008年5月12日14时28分，四川汶川发生里氏8级特大地震，大地颤抖，山河呜咽，墙倒屋塌。大地震，如恶魔，毁灭了家园，吞噬掉无数无辜的生命。在那场惨烈的大地震中，一位校长，却创造了一项奇迹，全校2300多名师生，仅用1分36秒的时间，全部实现转移，无一伤亡。他就是叶志平校长，被称作"史上最牛校长"。

叶志平（1953—2011），生前系四川省绵阳市安州区桑枣镇桑枣中学校长。因秉承"责任高于一切，成就源于付出"教育理念，多年来他不断要求加固教学楼，引导学生作安全疏导训练。2008年"5·12"汶川特大地震发生后，他所在学校的学生、教师无一人伤亡。

从2005年开始，叶校长每学期都要在全校组织一次紧急疏散的演习。规定好每个班固定的疏散路线。就连每个班在教室里怎么疏散都作了规定。在紧急疏散时，对教师的站位也有要求。要求教师站在各层的楼道拐弯处。叶校长除了开展紧急疏散演练外，还经常利用学生下课后、课间操、午饭晚饭以及放晚自习时间，在教学楼中人流量最大的时候看学生的疏散情况，查看教师是否在各层的楼梯拐弯处。他还规定，每周二学校各班级要进行安全知识讲课，对学生进行安全教育，让教师专门讲授交通安全和饮食卫生等知识。因此，有些家长曾这样称呼叶志平校长——"不务正业的校长"，认为他不专心于教学，天天搞这些"无关紧要"的工作。然而，地震那天，教师和学生们就是按照平时的训练秩序，用练熟了的方法进行安全疏散。地震波一来，教师喊：所有人趴在桌子下！学生们立即趴下去。教师们把教室的前后门都打开了，怕地震扭曲了房门。震波一过，学生们立即冲出了教室，教师站在楼道上喊："快一点，慢一点！"教师们说，喊出的话自己事后想想，都觉得矛盾和可笑。但当时的心情，既怕学生跑得太慢，再遇到地震，又怕学生跑得太快，摔倒了——关键时候的摔倒，可不是闹着玩的。由于平时的多次演习，地震发生后，全校2300多名师生从不同的教学楼和不同的教室中，全部冲到操场以班级为单位站好，全程用时仅1分36秒。

此案例启示我们：要始终把安全工作放在第一位，秉承"幼儿生命高于一切"的宗旨，做事认真、细致，增强职业责任感，注重安全演练常规化，防患于未然，促进幼儿健康、快乐成长。

项目四　学前儿童生活自理能力教育

◇ **学习目标**

素质目标：树立科学的儿童观，富有爱心、耐心、细心和责任心；进一步树立牢固的热爱学前教育事业的思想，形成热爱自己、热爱生活的健康情绪和情感，养成良好的文明生活、卫生习惯。

知识目标：了解学前儿童生活自理能力教育的含义，理解学前儿童生活自理能力的目标和内容，掌握学前儿童生活自理能力教育的实施途径和方法。

能力目标：能根据学前儿童身心发展特点和生活自理能力的要求，设计活动方案；能将科学的指导理念灵活运用于实践，组织好学前儿童一日生活，帮助学前儿童提高生活自理能力及养成良好的生活卫生习惯。

◇ **情境导入**

某一天正是幼儿园午睡起床时间，园长妈妈来到小一班活动室（活动室与寝室是一体的），推门一看，5名幼儿已经穿好衣服，正坐在活动室前面的小凳子上，等着吃午点了。2名教师正忙着，其他幼儿还在继续穿衣服……园长妈妈看见一名叫朵朵的女孩，鞋子穿反了。于是，园长妈妈面对着5名幼儿问："小朋友们，检查一下你们的鞋子，穿对了吗？"几名幼儿各自看了看自己的鞋子，没有作声，而朵朵也没有把鞋子换过来。园长妈妈忍不住又问："小朋友们，看看你们的鞋子，穿对了吗？"旁边的男孩军军对着朵朵一边说，"你的鞋子穿反了"，一边弯腰帮朵朵换鞋。趁此机会，园长妈妈扭头朝其他穿衣服的幼儿走去。但她还是忍不住想看看朵朵的鞋子究竟有没有换过来？于是园长妈妈倒退回来，用余光看向朵朵，这下好了，朵朵的小脚已经藏到小凳子下面去了，啥都看不见。

请思考：朵朵为什么没有把鞋子换过来？而且最后还将小脚藏到了小凳子下面呢？如果你是小班教师，你会怎么做？如何根据《指南》指导幼儿完成最基本的生活自理能力？学习完本项目，相信你就可以找到上述问题的答案了。

任务一 认知学前儿童生活自理能力教育

学前期是幼儿从完全依赖父母逐步走向自理自立的过渡期,也是幼儿生活自理能力养成的关键期。我国著名教育家陈鹤琴曾说:"凡是儿童自己能做的,应当让他自己做。"作为幼儿园教师,应培养幼儿的生活自理意识、自理习惯和自理能力,使幼儿获得终身受益的好习惯。

一、学前儿童生活自理能力教育的含义

学前儿童生活自理能力即自己照顾自己的能力,是幼儿在一日生活中照料自己及自我服务的能力,是一个人应具备的最基本的生活技能。其主要包括进餐、盥洗、睡眠、如厕、穿脱衣服、叠被子、整理玩具等。良好的生活自理能力对幼儿神经系统的发育、精细动作的发展和独立意识的培养都有着不可估量的价值。

二、学前儿童生活自理能力教育的目标

2001年教育部印发的《纲要》在健康领域的目标中,提出了"生活、卫生习惯良好,有基本的生活自理能力"。《指南》也明确提出了"良好的生活习惯和基本的生活能力是幼儿身心健康的重要标志,也是其它领域学习与发展的基础","帮助幼儿养成良好的生活与卫生习惯,提高自我保护能力,形成使其终身受益的生活方式和文明生活方式"。

根据健康领域的目标,以及依据各年龄段幼儿身心发展的特点,进一步确定了各年龄段的具体目标。详见表4-1。

表4-1 各年龄段生活自理能力与生活卫生习惯教育目标

3~4岁(小班)	4~5岁(中班)	5~6岁(大班)
1.在提醒下,按时睡觉和起床,并能坚持午睡。 2.学会用勺子独立进餐,在引导下,不偏食、不挑食,愿意饮用白开水,不贪喝饮料。 3.学习正确洗手、洗脸、刷牙的方法,在提醒下,每天早晚刷牙,饭前便后洗手。 4.在帮助下能脱衣服和鞋袜。 5.能将玩具和图书放回原处。 6.喜欢参加体育活动。	1.每天按时睡觉和起床,并能坚持午睡。 2.学习正确使用筷子进餐,保持桌面、地面干净,不暴饮暴食,常喝白开水,不贪喝饮料。 3.每天早晚刷牙,饭前便后洗手,方法基本正确。 4.能自己穿脱衣服、鞋袜和扣纽扣。 5.能整理自己的物品。 6.喜欢参加体育活动。	1.养成每天按时睡觉和起床的习惯。 2.吃东西时细嚼慢咽,举止文明,主动饮用白开水,不贪喝饮料。 3.每天早晚主动刷牙,饭前便后主动洗手,方法正确。 4.会自己系鞋带。知道保持仪表整洁,能根据冷热增减衣服。 5.能按类别整理好自己的物品,完成一些力所能及的劳动。 6.能主动参加体育活动。

续表

3~4岁（小班）	4~5岁（中班）	5~6岁（大班）
7.不用脏手揉眼睛，连续看电视不超过15分钟	7.知道保护眼睛，不在光线过强或过暗的地方看书，连续看电视不超过20分钟	7.主动保护眼睛，不在光线过强或过暗的地方看书，连续看电视不超过30分钟

　　健康领域的目标和各年龄段目标体现了幼儿在生活自理能力方面应该达到的基本要求。各省、各地区、各幼儿园要根据具体情况，制订出适合本园的教学目标和计划。教师在制定本班健康教育活动目标时，以培养幼儿基本的生活自理能力和良好的生活、卫生习惯为宗旨，根据本班幼儿实际发展情况，因材施教，提出具体的活动教学目标，如"我会扣纽扣""我会叠被子""我会自己穿鞋子"等系列活动。

案例导入

中班健康教育活动　甜蜜的午睡

活动目标

1. 乐于体验甜蜜午睡后身体舒适的感觉，养成每天睡午觉的好习惯。
2. 知道午睡的基本要求，午睡时不吵闹，不蒙头睡，不趴着睡等。
3. 能正确地入睡和起床，掌握正确的穿、脱衣服方法。

从这个目标中可看出，教师考虑到了中班幼儿在该阶段应达到的午睡目标，幼儿每天按时睡觉和起床，并能坚持午睡。因此，教师在制定目标时既要考虑幼儿是否具备前期经验，也要考虑是否符合幼儿的最近发展区。

拓展资源
"最近发展区"
扫码学习"最近发展区"理论。

三　学前儿童生活自理能力教育的内容

　　学前儿童生活自理能力的主要内容有生活卫生、清洁卫生、周围环境卫生和基本的安全常识等，主要指日常生活能力和行为习惯的养成，如进餐、盥洗、如厕、午睡、个人卫生及环境卫生、日常生活中的基本安全常识等，详见表4-2。

表4-2 各年龄段生活自理能力教育的具体内容和要求[①]

内容	班级		
	3~4岁（小班）	4~5岁（中班）	5~6岁（大班）
进餐	掌握用小勺吃饭的方法，不含饭、不撒饭；进餐时不东张西望，餐后用餐巾将嘴巴擦干净，并漱口	正确使用筷子进餐，进餐时细嚼慢咽，具备较好的进餐姿势，餐后能记住要擦净嘴巴，养成收拾餐具的习惯	能够熟练地使用筷子，保持进餐安静及有良好的进餐姿势，不挑食，餐后主动擦嘴、收拾餐具
盥洗	知道饭前、便后及户外活动后应该洗手，学习正确的洗手方法；会用肥皂将手心、手背、指间洗干净，并注意随手关紧水龙头；会用毛巾将手、脸擦干净；知道正确刷牙的方法，并初步学习刷牙	能够做到用正确的方法洗手，并用正确的方式擦手、嘴，会自己挽袖洗手；掌握正确的刷牙方式；并能做到每日早晚刷牙	能自觉、自主地在需要的时候洗手，方法正确；懂得节约用水和如何使用香皂；每天主动刷牙
如厕	在有便意时能够自己如厕，学习穿脱裤子的方法	能够根据需要如厕，如厕后能自己整理衣裤；学会便后擦屁股的方法	会正确如厕，会撕取适当的卫生纸，便后会用手纸自前向后擦屁股
午睡	能够在教师的提醒或帮助下，有顺序地穿脱衣裤、鞋袜，有将脱下的衣裤、鞋袜放在固定位置的习惯；自然、安静地入睡，用正确的睡眠姿势午睡	能独立地穿脱衣服、鞋袜，养成睡前将衣裤放在固定位置的习惯，入睡、起床时不吵不闹，分清左右鞋子，入睡前将鞋子摆放整齐	入睡、起床时不吵闹，迅速、有序地穿脱衣服，能够单独或与同伴合作，较熟练地整理床铺
个人卫生及环境卫生	在成人提醒下能注意保持自身的清洁与卫生；在成人的提醒下能够将玩具放回原位	有良好的卫生习惯，能够知道保持衣着及自身整洁；能够做到主动维护环境卫生，不乱扔物品，有清理环境的习惯	能够保持自身仪表的整洁，会根据天气情况主动增减衣服；能够做到主动维护公共场所卫生，不乱抛物品
日常生活中的基本安全常识	不跟陌生人走，不吃陌生人给的东西；在提醒下能注意安全，不做危险事情；不把手伸进电风扇内	公共场所不远离成人视线单独活动；能遵守安全规则；不在马路上追逐打闹	未经大人允许不给陌生人开门；能自觉遵守基本的安全规则和交通规则

[①] 马豫.李听.曾珊.学前儿童健康教育[M].长沙：湖南师范大学出版社，2021.

任务二　掌握学前儿童生活自理能力教育的实施途径与活动设计

会生活、能自理是幼儿独立生存、学习和创造的前提基础。我国著名教育家陶行知曾说："生活即教育，一日活动皆课程。"教师要将幼儿良好的行为习惯融入一日生活的方方面面，可以在常规课程教育中生成，也可以在丰富的游戏活动中渗透。

一　学前儿童生活自理能力教育的实施途径

具体实施途径包括以下五个方面。

（一）课程教育

在学前儿童生活自理能力的教育活动中，教师要有目的、有计划、有组织地设计教育教学活动，帮助幼儿获得有益的经验和体验，以理解较为抽象、不易理解的健康知识。教师可采用趣味问答、实际操作、情境教学等形式，激发幼儿的兴趣和自主动手的意识。

在中班"今天喝了多少水"的课程中，教师通过"喝水大调查谈话""喝水小知识""喝水步骤我知道"等课程内容层层递进，在课程中，幼儿对喝水知识有了更加深刻的理解，这种持续性、连续性的练习能最大限度地发挥幼儿的主观能动性，引发幼儿自主、探索并养成良好的生活自理习惯。

微课视频
《换牙啦》
扫码观看大班健康领域活动视频《换牙啦》。

（二）游戏活动

游戏是儿童的天性与权利。游戏作为幼儿的基本活动，在游戏中增强幼儿的自理能力，是幼儿学习的最好方式。教师可以在幼儿进行角色扮演、阅读绘本时，满足幼儿的兴趣和需要，引导幼儿在自由、自主的快乐体验中获得生活自理能力的粗浅知识和行为技能。

在小班"我来做爸爸和妈妈"角色游戏中，教师首先进行温馨的谈话，其次适时引导幼儿进行角色畅想——你会做一个什么样的爸爸妈妈？最后再请幼儿开展角色游戏"迷你一条街"，教师引导幼儿以"妈妈"的身份抱着娃娃穿衣服、拉拉链、系扣子等，幼儿在角色扮演的过程中，学会了穿衣服等行为技能，培养了自己的独立能力。

在中班"请为玩具们分配宿舍"的游戏中，教师引导幼儿当玩具宿舍管理员，把收纳的橱柜格子进行分类编号，请幼儿为玩具们分配"宿舍"，并记得哪个"房间"住着谁，只要幼儿忘了归置玩具，或者乱放玩具，其他小朋友就可以带着玩具来投诉，如："我家住着小花猫，我住哪儿呢？"通过有趣的游戏形式，幼儿养成了整理收纳玩具的好习惯。

（三）一日生活

幼儿生活自理能力的培养应融入一日生活中，幼儿的饮食习惯、卫生习惯、睡眠习惯、整理习惯的培养应融入幼儿的日常生活中。教师要根据幼儿的年龄特点和发展水平进行不同程度的讲解和示范，来制订一日生活计划，确保幼儿的养成教育更加有效。比如在午睡、离园活动中，鼓励幼儿自己穿脱衣服、换鞋、整理书包等；在幼儿进餐环节前，教师要提醒幼儿在用餐时保持良好的姿势，正确地拿勺，细嚼慢咽，保持桌面、地面整洁，帮助幼儿养成良好的进餐习惯。

幼儿的生活自理能力是一种实践性的能力，在具体、真实的情境下习得更加真实和持久。一日生活活动中，教师可充分利用图示的作用，如根据步骤图促进幼儿理解在园一天需要完成的几件事情，切实帮助幼儿提升自理能力。

（四）环境创设

皮亚杰认为，儿童认知发展是在与周围环境的互动中主动建构的。环境作为幼儿的第三任"教师"，是幼儿园的隐形课程。教师可通过对不同区域的环境布置，让环境会"说话"，为幼儿创设一个生活化、互动性强的环境，在潜移默化中提醒幼儿保持良好的生活习惯，使幼儿形成自理自立的意识。

小班幼儿的生活自理能力普遍比较弱，如需要教师喂饭、不会穿裤子、不会主动洗手等，但他们的思维发展特点决定了他们对环境的认识是具体形象的，教师可在盥洗室里张贴"七步洗手法"的步骤图（图4-1），在主题墙创设"今天你喝水了吗""我是睡觉小达人"等主题图，帮助幼儿养成爱干净、常喝水、不挑食等良好习惯，提高幼儿生活自理能力。

图4-1 七步洗手法
（图片来自北京市朝阳区丽景幼儿园）

（五）家园共育

家园共育是家庭和幼儿园共同育人的过程。《纲要》中指出："家庭是幼儿园重要的合作伙伴，应本着尊重、平等、合作的原则，争取家长的理解、支持和主动参与，并积极支持、帮助家长提高教育能力。"教师可充分利用离园前的十分钟，与家长进行"离园微沟通"，简短、及时的沟通可以强化幼儿正在培养的行为，也能形成共同的教育理念和教育目标，从而弥补幼儿园教育的不足。

此外，家长可以帮助幼儿制定一份计划表或每日作息表，如幼儿每天起床后，可以独立完成的事情有穿衣、洗漱、进餐、如厕、整理玩具等，家长可以将幼儿在家的表现情况用视频或图片的形式发送给教师，记录幼儿成长的足迹，相信通过家园互动的形式，能更好地帮助幼儿在原有的经验上得到更进一步的发展，让幼儿感受自我存在的价值。

二 学前儿童生活自理能力教育的实施方法

"教无定法，贵在得法。"学前儿童生活自理能力教育方法的选择，一要基于不同年龄段幼儿身心发展的规律，二要考虑每个方法自身的特点，常用的方法有如下五种。

（一）讲解示范法

讲解示范法即在幼儿理解的基础上，教师用形象、准确的语言讲解和行为示范学前儿童生活自理能力的动作要点，引导幼儿在听一听、看一看、做一做中主动地掌握行为技能。例如"七步洗手法"，教师讲解示范洗手的正确步骤，帮助幼儿养成良好的洗手习惯。

微课视频
《如果不洗手》
扫码学习大班健康教育活动视频《如果不洗手》。

（二）行为练习法

行为练习法是指幼儿反复练习已经学习过的行为技能，以加深幼儿对某个行为的熟练度。比如，在教授中班幼儿叠被子的方法后，教师可以利用活动时间，组织幼儿分组进行叠被子活动，通过反复练习，既巩固了幼儿叠被子的行为技能，又促进了幼儿之间的沟通、交流。

（三）游戏法

游戏法就是引导幼儿以游戏的形式开展生活自理活动，通过游戏方式，使幼儿在轻松愉快的氛围中学会基本的生活技能。比如，在中班"打扮小动物"的游戏中，幼儿选择自己喜欢的小动物底板，用不同形状的织布扣在小动物身上，在规定的时间内，谁先打扮好小动物，谁就获得胜利。

（四）表扬激励法

表扬激励法指通过树立榜样并引导幼儿学习榜样以规范幼儿行为，从而激发幼儿向榜样学习的强烈愿望的方法。需要注意的是，榜样的选择要具体形象。比如，教师可以对午睡中遵守午睡规则和要求的幼儿给予"午睡之星""整理之星"等榜样称号（图4-2），充分发挥榜样的引领作用。

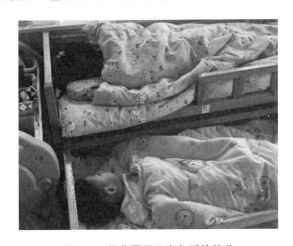

图4-2　幼儿园里正在午睡的幼儿

（图片来自北京市朝阳区丽景幼儿园）

（五）作品感染法

作品感染法即教师用故事、图片、儿歌等文学作品对幼儿进行生活常规教育，将一些枯燥的清洁卫生、环境卫生等活动趣味化，唤起幼儿良好的情感，使幼儿养成良好的行为习惯。文学作品中的儿歌读起来朗朗上口，易于识记，比如在幼儿练习穿衣服时，采用儿歌感染法，念儿歌，掌握穿衣服的技能。"一件衣服四个洞，穿衣就像穿山洞。大洞洞钻进去，脑袋瓜钻中洞。左手胳膊钻左洞，右手胳膊钻右洞。最后伸出小手手，拉上我的小拉链。"

 拓展资源
《小猪变干净了》
扫码阅读故事《小猪变干净了》。

三　学前儿童生活自理能力教育活动设计

（一）小班活动设计

小班健康教育活动　小纽扣回家

黄冈职业技术学院　罗妍

1.设计意图

在一日生活中，教师观察到小班大部分的幼儿不会扣纽扣的，且不知道扣纽扣的正确方法。小班幼儿处于精细动作发展的关键期，根据《指南》相关论述，应培养幼儿捏、拧、扣等精细动作的发展能力,发展其手的动作。基于此,教师设计了健康教育活动"小纽扣回家",以帮助幼儿学会扣纽扣,知道扣纽扣的基本要领。

2.活动目标

(1) 感受学会扣纽扣带来的快乐。

(2) 知道扣纽扣时纽扣和扣眼要对齐。

(3) 能够用正确的方法扣纽扣。

3.活动重难点

(1) 重点:幼儿学会扣纽扣,扣纽扣时能把纽扣和扣眼对齐。

(2) 难点:幼儿能够独自穿好带有纽扣的衣服。

4.活动准备

(1) 物质准备:彩虹纽扣若干、一幅纽扣装饰画、儿歌《纽扣歌》、相关内容PPT。

(2) 经验准备:幼儿能够穿简单的衣服,知道正方形、三角形、圆形等简单形状。

5.活动过程

(1) 导入部分。

出示图片,激发兴趣。教师出示纽扣装饰画:"小朋友们,你们仔细看一看,在这幅画里面,你们都看到了些什么呀?"

幼儿举手回答画中的元素,教师引导幼儿说出纽扣。

(2) 基本部分。

①细致观察,自主探索。

教师引导幼儿观察彩虹纽扣的形状、大小。

引导语:小朋友们,你们看彩虹纽扣是什么样的呢?

②幼儿分享交流,教师给予奖励反馈。

教师小结:彩虹纽扣有很多颜色,上面有纽扣和扣眼,扣眼和扣眼的大小是一样的。

③幼儿动手操作,教师适时指导。

幼儿动手扣纽扣,探索扣纽扣的方法;教师邀请成功扣对纽扣的幼儿上台做示范。

引导语:刚看见有小朋友已经扣好纽扣了,我们请他上来教教我们是怎么扣纽扣的。

④讲解示范,加深印象。

首先,教师讲解口诀,幼儿学会扣纽扣。口诀:"穿衣服扣纽扣,扣子扣眼先对齐,一手捏扣子,一手捏扣眼,扣子放进扣眼里,手一拧穿好啦。"

其次,教师错误示范,幼儿指出并改正。

引导语:纽扣和扣眼是一家人,可是,老师不小心把它们分开了,现在老师要帮助纽扣回家,小朋友们要仔细看小纽扣找到正确的家没有哦。

教师将衣服的纽扣和扣眼错误对齐扣在一起;幼儿主动上台帮助教师将纽扣和扣眼重新对齐正确组合。

最后,教师小结。原来穿带有纽扣的衣服时,纽扣和扣眼要对齐,这样才能把衣服穿整齐。

⑤拼接图形,巩固经验。

首先,教师分发彩虹纽扣,鼓励幼儿合作完成拼接图形。

引导语：小朋友们学会了扣纽扣的方法，现在就用彩虹纽扣拼出自己喜欢的图形吧。可是小朋友们自己手中的彩虹纽扣的数量不够，需要去寻找小伙伴一起合作完成。

其次，播放儿歌《纽扣歌》，幼儿开始拼接图形。

最后，幼儿向大家分享自己拼出的图形。

（3）结束部分。

教师总结：小朋友们，今天呢，老师带大家一起认识了纽扣和扣眼，我们还一起学习了扣纽扣的方法。小朋友们你们还记得是怎么扣纽扣的吗？扣纽扣要"扣子扣眼先对齐，一手捏扣子，一手捏扣眼，扣子放进扣眼里"，纽扣就扣好了。我希望小朋友们从今天开始，可以自己尝试扣衣服上的纽扣，老师会奖励自己动手完成的小朋友哦。

6.活动延伸

（1）一日生活：鼓励幼儿自己穿带有纽扣的衣服。

（2）美工区：用纽扣、彩笔、画纸等工具画一幅纽扣装饰画。

7.活动反思

本次的活动主题来源于幼儿的日常生活"扣纽扣"，通过细致观察，不仅让幼儿发现纽扣是一个扣子和一个扣眼对齐的，也培养了幼儿的观察能力。通过有节奏旋律的口诀学习扣纽扣的正确方法，从幼儿的兴趣点出发，调动了他们的积极性，从简短生动的口诀中掌握扣纽扣的正确方法。

教师引导幼儿学习如何扣纽扣，不是把方法生硬地讲述给幼儿，而是将学习的过程融入游戏，与其他同伴共同合作、获取经验，在游戏中学习、在学习中游戏，使幼儿从游戏中进一步训练如何扣纽扣，提升了团结合作的能力，从游戏中获得学习和发展。

（二）中班活动设计

中班健康教育活动 我爱洗手

湖北省黄冈市黄冈师范学院附属幼儿园 芮婷

1.设计意图

外在环境中存在着许多看不见的细菌，幼儿好奇的天性使他们走到哪里都想摸摸、玩玩，小手也在不知不觉中沾上细菌等微生物，如果不注意洗手，幼儿极易将病菌带入口中。而在幼儿园一日生活中，洗手是一个非常重要的环节，勤洗手，把手洗干净可以让幼儿养成讲卫生的好习惯，也有利于他们的身心健康。平时观察发现，有些小朋友在洗手时会出现马虎、玩水等现象，针对幼儿存在的各种问题，为帮助他们学会自己正确洗手，教师设计了本次健康教育活动"我爱洗手"，让幼儿了解、认识到洗手的重要性，学会七步洗手法，并让幼儿从小养成讲卫生的好习惯。

2.活动目标

（1）在轻松愉悦的氛围中感受洗手的快乐。

（2）理解故事内容，了解洗手的重要性。

（3）能按照七步洗手法进行洗手。

3.活动重难点

（1）重点：知道勤洗手和讲卫生的重要性。

(2) 难点：学会并使用正确的方法，按步骤洗手。

4.活动准备

(1) 物质准备：PPT课件、视频《七步洗手法》、儿歌《七步洗手歌》。

(2) 经验准备：幼儿在日常生活中有过洗手的经验。

5.活动过程

(1) 图片导入，引出主题。

①出示课件中"脏手"的图片，幼儿观察并讨论："这是一双什么样的小手？"

②教师小结：我们的两只小手每天要做很多事情，比如吃饭、画画，还可以玩很多玩具。可有时候我们的双手上会沾满许多看不见的"脏东西"，如果小手不干净，就会把这些"脏东西"吃到嘴里，会让我们的肚子痛，严重的时候还会生病。那怎么做才能不让它们跑到我们的肚子里去呢？一起来听听老师下面要讲的故事吧！

(2) 共读故事，理解内容。

①师幼共读PPT中的故事，理解内容。

②教师提问：小朋友们看一下，这张图片上有谁？他们在做什么？明一的小手是什么样的？他在做什么？明一回到家，在吃饭之前都做了些什么事？明一为什么会肚子痛呢？

③讨论表达，了解洗手的重要性。

幼儿讨论：为什么会肚子痛呢？怎么样可以不让"脏东西"跑到肚子里？

④教师小结：洗掉的"脏东西"就是一些可恶的细菌和病毒。它们跑到我们肚子里会让我们肚子痛呢，只有勤洗手，把手洗干净才可以把它们消灭掉。

(3) 看一看，《七步洗手法》。

① 观看视频《七步洗手法》，学习七步洗手法的具体步骤。

② 教师讲解，幼儿跟随练习手势动作。

(4) 听一听，《七步洗手歌》。

① 幼儿练习七步洗手法基本动作。

② 听一听《七步洗手歌》，一边学习一边练习动作。

③ 幼儿示范七步洗手法。

(5) 动一动，一起来洗手。

① 幼儿到卫生间用七步洗手法进行洗手。（教师观察、引导）

② 教师小结：以后我们都要用七步洗手法进行洗手哦，只有这样才能把那些可恶的细菌、病毒阻挡住并且消灭掉，不让它们进入我们肚子里。

6.活动反思

本次活动是将勤洗手的良好习惯培养与日常生活相结合。让幼儿知道为什么要洗手，通过听一听、说一说、看一看、学一学、动一动等方法，调动幼儿的多种感官共同参与。通过阅读故事、参与活动进一步引导幼儿认识自己的小手，了解洗手的重要性和正确洗手的方法，在活动中培养幼儿的观察力、语言表达力及实际操作能力，培养幼儿养成良好的卫生习惯，建立良好的卫生保健常识，促进幼儿身心和谐健康发展。

虽然只是一个小小的洗手环节，但是只要认真地去观察、贴近幼儿的生活，就会发现幼儿的一个小小举动，就是教育的良好契机。生活中的每一个细节都需要去动脑筋，应该给幼儿创造亲身体验的机会，把教育转化为幼儿的需要。良好习惯的养成是幼儿成功的基础，要站在幼儿的立场，体验幼儿习惯的养成过程。

（三）大班活动设计

大班健康教育活动 换牙啦
湖北省黄冈市黄冈师范学院附属幼儿园 文雅菲

1. 设计意图

进入大班后，班级幼儿正处于换牙阶段，他们对换牙并不了解，有的幼儿还产生了恐惧心理，有的幼儿还有些害怕自己的牙齿掉下来。因此教师设计了本次健康教育活动"换牙啦"，活动内容贴近幼儿生活，符合大班幼儿年龄特点，引导幼儿了解换牙、掌握换牙的知识，以及让他们学会基本的口腔卫生保健知识。本次活动通过游戏和儿歌的形式激发幼儿的学习兴趣，使幼儿在玩中学、学中玩。

2. 活动目标

（1）对换牙的生理现象不害怕、不恐惧。

（2）知道换牙时要注意口腔卫生，并保护新长出来的牙齿。

（3）能积极参与换牙话题的讨论，并掌握正确的刷牙技巧。

3. 活动重难点

（1）重点：知道换牙时要注意口腔卫生，并保护新长出来的牙齿。

（2）难点：能积极参与换牙话题的讨论，并掌握正确的刷牙技巧。

4. 活动准备

（1）物质准备：大白牙手偶、《我掉牙啦》视频、《刷牙歌》儿歌。

（2）经验准备：已了解本班幼儿的换牙情况，大部分幼儿已经开始换牙。

5. 活动过程

（1）导入部分。

① 教师介绍"新朋友"，展示大白牙手偶，介绍这位新朋友就是大白牙！

② 大白牙朋友遇到了一个烦恼：它找不到自己的主人了。幼儿需要帮助它解决问题、寻找主人。

（2）寻找原因：为什么找不到主人。

① 教师与幼儿一起观看视频《我换牙啦》，一起探讨大白牙朋友是怎么离开主人的。

② 幼儿知道大白牙朋友是因为"换牙"，才离开了自己的小主人的。

（3）自主分享：掉牙的故事。

① 幼儿跟大白牙朋友分享关于自己换牙的故事。

② 分享完故事后，教师与幼儿一起探讨换牙时的自我感觉和出现的问题。

引导语：有的小朋友喜欢用舌头去舔刚长出来的牙齿，正确吗？有的小朋友乳牙还没有掉，新牙就在旁边长出来了，该怎么办呢？有的小朋友牙齿掉了好长时间，却还没有长出新牙齿，怎办呢?

教师小结：换牙时我们不必害怕恐惧，这是我们正常的生理现象。也不要用舌头舔刚长出来的新牙，牙齿出现不舒服的时候要及时告诉爸爸妈妈，去医院让牙医处理。

(4) 师幼交流：如何保护自己的新牙齿。

①勤刷牙。

师幼一起唱《刷牙歌》。让幼儿学会如何正确地刷牙，同时模仿刷牙的动作："上刷刷、下刷刷、左刷刷、右刷刷，里面外面都要刷，水和牙膏别吞下。"

②少吃糖果、甜品。

常吃糖果、甜品会让牙齿有小黑洞，要保护好新牙齿。

(5) 教师小结。

我们学到了很多关于换牙和保持牙齿健康的方法，换牙时不害怕、不恐惧，勇敢面对。新长出来的牙齿不可以用舌头去舔，保护好自己的新牙齿。要每天早晚刷牙，少吃糖果、甜品，防止牙齿有小黑洞。

6.活动延伸

回家以后，让爸爸妈妈督促幼儿勤刷牙，保持良好的刷牙习惯，及时关注幼儿的牙齿情况。和我们的大白牙朋友说再见吧！

7.活动反思

换牙是大班幼儿正常的生理现象，因此幼儿对"换牙啦"活动的参与兴趣比较浓厚，通过开展此次活动，让幼儿知道换牙时要注意口腔卫生，并保护新长出来的牙齿，能积极参与换牙话题的讨论，并掌握正确的刷牙技巧。本次活动中，教师通过故事、儿歌和讨论等多种形式，让幼儿体验换牙带给自己的特殊感受，并对换牙的生理现象不害怕、不恐惧。整个活动过程以幼儿为主体，教师关注了幼儿的兴趣和经验，鼓励幼儿大胆探索和思考，帮助幼儿在快乐的童年中获得了有益的经验和体验。

◇ 项目小结

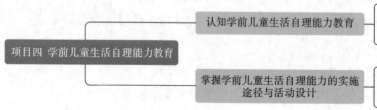

思考与练习

一、单项选择题

1.在洗手时，幼儿东东突然叫了起来："洗手液溅进我眼睛里了！"这时老师首先应该做的

是（　　）。(选自2021年下半年幼儿园教师资格证考试)

　　A.用干净的纸或软布擦眼睛　　　　B.用流动水冲洗眼睛

　　C.找保健医生　　　　　　　　　　D.拉开眼皮吹一吹

2.对幼儿如厕，教师最合理的做法是（　　）。(选自2017下半年幼儿园教师资格证考试)

　　A.允许幼儿按需自由如厕　　　　　B.要求排队如厕

　　C.控制幼儿如厕次数　　　　　　　D.控制幼儿如厕的间隔时间

3.教师引导幼儿擤鼻涕的正确方法是（　　）。(选自2017上半年幼儿园教师资格证考试)

　　A.使鼻涕吸进鼻腔　　　　　　　　B.先捂住一侧鼻孔，再轻擤另一侧

　　C.同时捏住鼻翼两侧　　　　　　　D.用手背擦鼻涕

4.在幼儿园实践中某些教师认为幼儿进餐、睡眠、茶点等是保育，只有上课才是传授知识、发展智力的唯一途径，不注意利用各环节的教育价值，这种做法违反了（　　）。(选自2011下半年幼儿园教师资格证考试)

　　A.发挥一日生活的整体功能原则　　B.重视年龄特点和个体差异原则

　　C.尊重儿童原则　　　　　　　　　D.实践性原则

5.幼儿萌萌午休时不睡觉，还发出吵闹的声音，何老师把她关在厕所里，以免影响其他幼儿休息。何老师的做法（　　）。(选自2018上半年幼儿园教师资格证考试)

　　A.不正确，侵犯了幼儿的人身权和人格尊严。

　　B.不正确，侵犯了幼儿的思想自由和受教育权。

　　C.正确，有利于保障其他幼儿午间休息的权利。

　　D.正确，有利于引导萌萌养成良好的生活习惯。

二、简答题

1.学前儿童生活自理能力的具体内容有哪些？

2.学前儿童生活自理能力实施的途径和方法有哪些？

三、材料分析题

午睡起床的时候，小（1）班有三名幼儿尿床了。他们胆怯地望着刘老师，刘老师笑了，悄悄地对他们说："没有关系的，我知道是因为你们睡得太沉了！"她把这三个孩子的裤子换了，并清洗干净。离园时间要到了，君君上厕所时不小心把大便弄到大腿和裤子上，刘老师急忙把她抱到盥洗室。这时，君君妈妈来到教室接孩子，没看到孩子就找到盥洗室，看见君君站在水池里，刘老师正在给她清洗。君君妈妈冲上去生气地问："你是用热水给孩子洗的吗？"刘老师一听也生气了，没好气地回了一句："是热水！"君君妈妈用手一试，还真是热水，就没再说什么。接着，刘老师给君君穿裤子，脸色一直都不好看，君君妈妈再问什么她也不回答了。于是，君君妈妈很生气地向园长投诉了刘老师。刘老师觉得特别委屈，一边哭一边说："园长，你知道我今天洗了几个尿裤子的孩子吗？我洗了四个！家长还这么不理解，这工作真没法干！"园长对她说："我知道老师们非常不容易，大家辛苦了。但是作为老师，当家长有怨言时，我们也得理解他们。"经过园长的一番开导，刘老师的心情平复了。(选自2023年下半年幼儿园教师资格证考试)

　　请结合材料，从教师职业道德的角度，评析刘老师的教育行为。

思考与练习题参考答案

实践与实训

实训一： 自选一个幼儿生活自理能力教育的内容，设计一节生活自理能力教育课活动方案，并以小组为单位进行模拟试教与评议。

目的： 掌握学前儿童生活自理能力教育活动的实施途径和方法，能根据学前儿童身心发展特点和生活自理能力的要求设计活动方案。

要求： 结合幼儿生活自理能力教育内容，从活动意图、活动目标、活动重难点等方面进行设计，并进行模拟试教与评议。

形式： 小组合作。

实训二： 观看视频《人民教育家，巾帼英雄——于漪》，谈感想，形成文字材料上传班级群。

目的： 了解大爱无私的"人民教育家"于漪的先进典型事迹，以于漪为榜样，牢记教师誓词，以德修身，以爱润心，以言导行，做新时代的教育工作者。

要求： 结合视频内容，从热爱教育事业、热爱教师职业、热爱幼儿等角度谈感想；每小组挑选一名同学，在班级进行交流发言。

形式： 查阅文献，小组活动，个人完成。

思政案例

感悟育人经典，增强职业责任感

她的名字被大家熟知，并非因为轰轰烈烈，更多源于踏踏实实：长期躬耕于中学语文教学事业，坚持教书育人，推动"人文性"写入全国《语文课程标准》。主张教育思想和教学实践同步创新，撰写数百万字教育著述，许多重要观点被教育部门采纳，为推动全国基础教育改革发展作出突出贡献。她就是人民教育家、师者的楷模——于漪。

于漪，女，汉族，1929年2月7日出生，中共党员，1951年7月毕业于复旦大学教育系，并于当年8月正式参加工作。于漪是上海市杨浦高级中学名誉校长；曾任全国语言学会理事、全国中学语文教学研究会副会长；曾荣获"全国先进工作者""全国三八红旗手""全国教书育人楷模"等荣誉称号。2019年9月17日，国家主席习近平签署主席令，授予于漪"人民教育家"国家荣誉称号。

颁奖词：她已是90岁的耄耋老人，有着60年的教学生涯。她依然活跃在语文教学改革的第一线，坚守"在讲台上用生命唱歌"。她深爱着学生，痴迷着语文教学。"我做了一辈子教师，但一辈子还在学做教师！"她用这样的话语不断地鞭策着自己，也勉励着更多的青年教师。于漪，师者的楷模。

2019年9月29日上午，北京人民大会堂金色大厅，气氛热烈庄重。中华人民共和国国家勋章和国家荣誉称号颁授仪式在这里隆重举行。

在雄壮激昂的《向祖国致敬》乐曲声中，中共中央总书记、国家主席、中央军委主席习近平亲自给上海市杨浦高级中学名誉校长于漪佩戴上金色的"人民教育家"奖章。这是共和国首次颁发"人民教育家"这一国家荣誉称号，于漪作为基础教育界的唯一代表获此殊荣。她的教育事迹和贡献必将永远写在共和国史册上！

1. 有信仰是前进的驱动力

她说，"树中华教师魂，立民族教育根"是自己奋斗终生的目标、始终不变的精神追求。"我一个肩膀挑着学生的现在，一个肩膀挑着祖国的未来。""中华民族艰苦奋斗的精神和深厚灿烂的文化使我激动不已，我常为自己是中华民族的一员而感到自豪和骄傲，更始终意识到自己重任在肩，要终身进取，做一名'合格'的教师。"

2. 有爱是工作的不竭动力

"爱"是于漪教育人生的主题词。"我觉得，对教师来说，力量的源泉就是来自对学生的爱，爱学生才会爱事业，才会对教育工作保持经久不衰的热情，才会充满献身精神。"

她曾说："我的学生不一定是最优秀的，但他们都是家庭的宝贝、国家的宝贝，我当教师，要把他们当宝贝一样来教育。不求他们能显赫，但一定要成为社会的好公民，服务国家，服务人民。"于漪的"仁爱"，是将学生的幼稚、不成熟、偏激、毛病当作常态，去爱护，去发现闪光点，想办法把不懂的变懂，把差劲的变好，这正是于漪的"本事"。

师爱的最高境界叫作"仁爱"。于漪的"仁爱"品格是直面问题的坚韧之爱。没有这种坚韧的爱，她不可能在教育教学中年年月月、任劳任怨，"引着、拽着、扶着、托着、推着学生向前"。于漪的"仁爱"品格更是为师的大爱、大德、大情怀。她眼中的学生是国家未来的希望，是每个家庭的希望。因此，"用仁爱、大爱促进了学生的全面发展，为国家培养了优秀的人才，通向了个人的教育梦，也通向一个更大的中国梦"。

3. 一身正气、为人师表是好教师的生命底色

踏踏实实教好书、育好人，做一个认真负责的好教师。"休戚与共、血肉相连时，你就可以站得高、看得远，你从平凡工作中能够洞悉不平凡的意义和价值。"登高望远，于漪始终将自己的工作、前途、命运与民族的前途、命运，以及国家的前途、命运紧密联系在一起。

2014年，85岁高龄的于漪吐露了一个夙愿："我这名年已耄耋的教师，心中翻腾着一个强烈的愿望，那就是急切盼望当代能创建有中国特色的教育学。"如今，95岁的于

漪依然以奋斗的姿态站在教育改革和教师培养的最前沿。

　　做了一辈子教师的于漪,一辈子行走在努力修炼、锻造学识与人格的路上。这正是我们从于漪身上看到的不平凡。

　　师者的楷模——于漪给我们的启示:知心才能教心。要去了解幼儿,对幼儿要用心、上心,更要有信心、有耐心,不断丰富自己的教育实践经验,争做"四有"好老师。

微课视频
《人民教育家,巾帼英雄——于漪》
扫码观看视频《人民教育家,巾帼英雄——于漪》。

项目五　学前儿童饮食与营养教育

◇学习目标

素质目标：关注学前儿童健康成长，有爱心、细心和耐心；在平时生活中注意均衡营养、合理膳食；养成良好的饮食习惯，倡导健康饮食观念。

知识目标：理解学前儿童饮食与营养教育的意义；掌握学前儿童饮食与营养教育活动的年龄段目标、内容和实施途径。

能力目标：能够根据学前儿童饮食与营养教育的内容和学前儿童身心发展特点，设计、组织、实施饮食与营养教育活动。

◇情境导入

2023年10月的一天，某学校附属幼儿园副园长来到其中一个分园检查工作。在与班级教师沟通中，聊起了这一个月以来幼儿的吃饭问题。其中有一名教师问副园长："副园长，我们小班有一两名小朋友已经来了一个多月了，但是吃饭还是慢，总是最后一两名才能吃完。"当副园长还在思考这名教师的问题时，另一名教师也"吐槽"起来，"你那是小班的，还可以理解，慢慢培养进餐习惯就可以了。我这都大班了，有些小朋友一个假期回来后，用餐表现就变得不太好了，感觉以前开展的活动都白费了"，"我们也采取少盛勤添的方法，但效果好像并不是那么明显，有的小朋友可能以为就只能吃那么多，不敢请老师再多添一些饭菜"。

这些教师们的困惑，可能也是大多数教师的困惑。作为幼儿园教师，他们知道饮食营养教育直接影响幼儿的生长发育和身体健康，但也明白幼儿的健康饮食习惯并非一朝一夕就能养成。如何指导幼儿形成良好的饮食习惯就显得十分重要了。

任务一　认知学前儿童饮食与营养教育

饮食与营养教育是幼儿园健康教育的重要组成部分。学前儿童的健康成长需要以科学的饮食与合理的营养为基础，它关系到学前儿童当前及其一生的健康。而良好健康的饮食行为与营养意识需要饮食与营养教育来维持。

一、营养与健康的关系

学前儿童的生长发育离不开各种营养元素。生活中我们发现学前儿童存在营养失衡、偏食、挑食等状况，而平衡膳食的益处已经被社会普遍重视。《中国居民膳食指南（2022）》对学前儿童的平衡膳食提出了新要求。

（一）营养与营养素

"营养"这个词在生活中经常使用，人们经常会说某种事物"营养丰富"、需要"充足的营养"等。当前，普遍认为营养是指"机体摄取食物中的养料的行为与过程"，它包括了摄取、消化、吸收和利用食物的过程，是学前儿童生长发育和保持身体健康的物质基础。

食物是人类生存的必需品，食物中的营养素是人体健康的重要物质。营养素是指食物中所含有的能够维持机体健康，满足机体的正常生长发育、新陈代谢，以及进行各种活动的各种营养成分。一般来说，营养素可以分为六大类：蛋白质、脂肪、碳水化合物、维生素、矿物质和水。已有40多种营养素被发现，它们共同构成了营养素的"大家庭"。在这个大家庭中，每个"成员"都发挥着不可替代的作用，共同为机体的健康保驾护航。

学前儿童生长发育迅速、新陈代谢旺盛，所需的营养素和能量较多。营养素主要的作用在于为学前儿童提供能量，保证其生理活动及从事各种活动；构成学前儿童的机体，更新组织细胞，促进学前儿童生长发育；调节生理机制，使学前儿童的各个组织器官正常、协调地运转。为了满足学前儿童生长发育的需要，必须根据学前儿童膳食的特点，通过平衡膳食提供各种营养素。幼儿园可以通过制订合理的膳食计划（食谱）、与家庭饮食相互配合等方式，满足学前儿童均衡营养的需求，促进学前儿童健康发展。

《中国居民膳食指南（2022）》中的学前儿童膳食指南专门为学龄前儿童设计了平衡膳食宝塔，也是幼儿园和家长为学前儿童提供膳食的重要依据（图5-1）。

图 5-1　中国学龄前儿童平衡膳食宝塔①

拓展资源
《中国居民膳食指南（2022）》
扫码学习《中国居民膳食指南（2022）》。

（二）营养与健康的关系

营养与健康有着密不可分的关系。学前儿童的健康发展需要合理膳食、获取营养来保证。

1.营养是保证身心健康的物质基础

人的身体发育需要靠摄取食物中的营养来维持。人体在经历从出生到死亡的生命活动过程中，不断地从外界摄取食物，获得食物中的营养元素，促进人体生长、发育，比如神经系统的形成和发育。因此，营养是保证人体健康的物质基础。

2.营养会影响身体状况的健康水平

身体状况的健康水平与每日三餐的饮食营养十分密切，很多疾病的发生与营养或多或少都有着直接或间接的关系。学前儿童营养的摄入不仅仅是为了满足现阶段的生长、发育的需要，也是为后阶段的生长做准备。健康的饮食营养不仅可以支持体格和智力的发育，还可以预防营养不良、缺铁性贫血、龋齿、佝偻病等的发生，提高人体免疫水平和功能，减少人体的不适症状。

3.营养会影响认知发展和心理健康

营养不仅影响身体状况，还可能会影响认知发展和心理健康。有研究表明，学前儿童出现某些

---

① 图片来自中国营养学会妇幼营养分会，依据《中国居民膳食指南（2022）》绘制。

异常的情绪或行为可能与挑食、偏食等不良饮食习惯有关系；营养水平差的学前儿童可能在感知事物、认识事物等方面发展偏低，语言表达能力不强；还可能会出现远期的影响，例如幼年时期接触的食物越多，日后性格包容度越大，拒绝蔬菜的幼儿往往有拒绝周围环境的倾向。①

想一想：

同学们在"学前儿童卫生与保健"这门课程中学到了有关"学前儿童合理营养与膳食卫生"的理论知识。还记得"六大营养素"的生理功能及缺乏表现是什么吗？它们来源有哪些？

拓展阅读

几种营养素缺乏对学前儿童的影响

学前儿童正值身体生长发育的关键时期，科学合理地摄入营养是保证他们健康成长的重要因素。如果营养不良、膳食结构不合理，则会带来多种营养性疾病。在生活水平、生活方式发生改变的新形势下，我们应当认识到营养不良不仅仅是指营养摄入不足，还应该包括营养摄入过多、过剩。多项研究表明，目前学前儿童膳食营养状况和营养摄入状况较好，营养健康状况明显改善，但仍面临营养不足与过剩并存、营养相关疾病多发、微量元素供给不足等问题。2022年全国妇女健康检测报告显示，5岁以内儿童贫血等微量元素缺乏和生长迟缓等患病率仍然较高。②③④

以下列举几种学前儿童容易缺乏的营养素及其对学前儿童产生的影响。⑤

钙：钙是骨骼的重要组成。若钙缺乏到一定程度，可能引起学前儿童的钙缺乏症，影响骨骼正常发育，引起其生长迟缓、龋齿，严重者甚至可能出现佝偻病。因此，学前儿童可多吃奶和奶制品、豆类、坚果、鱼虾等食物。

铁：铁是人体血红蛋白和细胞代谢的重要物质。缺铁的学前儿童容易出现食欲减退、面色苍黄、贫血等症状。缺铁性贫血是婴幼儿常见的营养素缺乏病之一，它会导致头晕、乏力、免疫力下降，影响生长发育。因此，可以多吃一些如动物肝脏、禽肉、鱼类等含铁量高的食物。

锌：锌是生长发育的重要元素，在动物性食品里含量丰富。学前儿童缺锌会造成厌食、偏食、免疫力下降、易感冒、皮肤粗糙等，严重时会造成生长发育缓慢、身材矮小、精神障碍、异嗜症等。因此，要保证食谱中有动物性食品。

维生素A：维生素A是人体重要的微量营养元素。维生素A缺乏会导致身体细胞免疫功能下降、出现夜盲症等。学前儿童可以通过多吃一些如动物肝脏、蛋黄、牛奶、玉米、橘子等含维生素A的食物来获取维生素A。

---

① 顾荣芳.学前儿童健康教育论[M].南京：江苏教育出版社,2009.
② 闫学利.幼儿膳食营养供给现状的调查研究[D].保定：河北大学,2015.
③ 蔡佳音.我国5岁以下儿童营养问题及影响因素研究[D].北京：北京协和医学院,2013.
④ 胡燕.膳食多样性、微量营养素补充剂与儿童体格生长[J].中国儿童保健杂志,2023（10）:1051-1053.
⑤ 杨月欣.营养素的故事[M].北京：北京大学医学出版社,2009.

维生素D：钙在人体内的吸收、代谢必须借助维生素D。缺乏维生素D时，肠道不能吸收钙质，钙、磷在血液中的浓度也会失衡。维生素D除了外源摄入外，主要是在紫外线照射下由人体内源生成。学前儿童缺钙情况较为集中，主要原因是户外活动较少致体内维生素D缺乏而出现缺钙。因此一定要注意多让学前儿童开展户外活动、晒太阳。

二、学前儿童饮食与营养教育

在生活中，幼儿园教师或者家长已经向学前儿童提出了饮食行为的要求，并明确了学前儿童执行良好的饮食行为的重要性，但真的能做到甚至是自觉做到的学前儿童较少。例如，某些学前儿童不喜欢吃蔬菜，不喜欢饮用白开水，却喜欢喝饮料。他们可能知道这些习惯、行为对于身体的坏处，但无法自觉遵守正确的行为。因此。对于幼儿园教师或者家长来说，让他们苦恼的事情在于采取什么方法鼓励，甚至是强迫学前儿童形成有益的行为习惯。

案例导入

两名不同的幼儿

以本项目编者家中的两名幼儿（侄儿和侄女）为例。经观察，他们的饮食行为与习惯具有很大的不同。侄女很少吃肉食，日常喜欢吃蔬菜，侄儿则相反。这样的行为与习惯也让他们的母亲很头疼。因编者从事学前教育工作，他们的母亲即编者的嫂子会经常与编者讨论这个话题：如何解决他们吃饭难的问题。

通过编者与他们共同生活发现，两名幼儿形成截然不同的饮食行为与习惯的原因之一可能在于受到父母饮食习惯的影响。幼儿的母亲喜欢吃蔬菜，较少吃肉食，父亲却恰恰相反。平时吃饭时，会无意识地对两名幼儿产生"示范效应"。

学龄期是健康饮食习惯形成的关键时期，平衡的膳食、合理的营养是保证幼儿健康成长的重要基础。良好的饮食与营养教育是调剂和解决学前儿童身体生长发育和饮食习惯矛盾的重要渠道，它可以促使学前儿童养成良好的饮食习惯、预防不良习惯带来的影响，改善营养状况，促进行为、知识和态度的转变，促进学前儿童健康成长。

因此，学前儿童饮食与营养教育指的是教育者根据幼儿身心发展特点，有目的、有计划地帮助学前儿童掌握粗浅的饮食与营养知识、树立健康饮食与营养观念、形成良好的饮食与营养行为和习惯的活动和过程。[①]

---

①陈旭微.美国幼儿饮食营养教育的实施背景与形式及对我国的启示[J].学前教育研究,2016（3）:15-28.

拓展资源
《不爱吃青菜的小满》
扫码学习幼儿园健康领域观察记录作品《不爱吃青菜的小满》。以该作品为例，学习解决策略。

三 学前儿童饮食与营养教育的意义

学前儿童饮食与营养教育能有效地提高学前儿童的饮食营养知识、改善其饮食营养态度、转变其不良的饮食营养行为，对于保护和增进学前儿童的身体健康，促进其感官、语言、认知等方面的协调发展具有重要价值。①

（一）促进学前儿童身体健康发展

学前儿童的身体健康主要体现在身体各个组织、器官和系统的正常发育与机能的不断完善。②生长发育除了需要摄入大量的、合理均衡的膳食营养外，还需要有良好的饮食与卫生习惯，防止"病从口入"。因此，开展学前儿童饮食与营养教育可以引导幼儿了解身边常见的食物及其营养，了解营养与自己身体生长发育的关系；改变不良饮食习惯，养成良好的饮食行为与习惯，均衡膳食，提高生活自理能力，从而保护和促进身体健康。

（二）促进学前儿童感官的发展

根据皮亚杰的认知发展阶段理论，学前儿童的思维处于前运算阶段，习得外界知识的主要方式是直接的、感性的经验。在饮食与营养教育过程中，学前儿童通过触觉、嗅觉、味觉、视觉等感官认识食物，了解食物的特点，丰富其生活经验的同时，还锻炼其感官和动手操作的能力，促进其感官的发展。

（三）促进学前儿童语言的发展

在饮食与营养教育过程中，学前儿童在认识食物特点的同时，还要学会食物的名称，这有助于增加他们的词汇量。同时，在活动中学前儿童运用语言相互交流、表达、分享，为他们提供了运用语言的机会。

（四）促进学前儿童认知的发展

为了引导学前儿童认识食物，有时教师会采取歌谣的方式，如"香蕉黄皮状如弓，吃了长高笑

---
① 刘德泽.3～4岁幼儿进餐教育现状研究——以南京市某幼儿园为例[D].南京：南京师范大学,2018.
② 蔡迎旗.学前教育原理[M].武汉:华中师范大学出版社,2017.

弯腰",歌谣中对香蕉的外在特征(形状、颜色)进行了描述,幼儿需要去思考其特征,能够促进他们思维的发展;认识多种食物时需要辨认、比较食物之间的不同(如梨子与苹果之间的不同),这可以促进他们分类能力的发展。因此,饮食与营养教育可以促进学前儿童认知的发展。

(五) 饮食与营养教育顺应新时代的要求

学前儿童的早期营养、饮食行为、卫生习惯等问题越来越被国家和社会重视。习近平总书记在全国卫生与健康大会上提出"没有全民健康,就没有全面小康"。因此,饮食与营养教育不仅仅是学前儿童身心健康的保障,更是顺应了新时代的社会需求。

拓展资源
"习近平总书记论卫生和健康工作"
新时代对于健康的要求发生了变化,请扫码阅读习近平总书记对我国卫生和健康工作的指示精神。

四 学前儿童饮食与营养教育的目标

学前儿童饮食与营养教育的目标总体来说可以分为总目标、年龄段目标、具体活动目标三个不同的层次。

(一) 学前儿童饮食与营养教育的总目标

《纲要》中指出"培养幼儿良好的饮食、睡眠、盥洗、排泄等生活习惯和生活自理能力",《指南》中指出幼儿要"具有良好生活习惯与卫生习惯""帮助幼儿养成良好的饮食习惯",这可以说是学前儿童饮食与营养教育的总目标。

具体而言,主要包括以下方面:掌握食物及其营养的粗浅知识,懂得平衡膳食的基本道理,养成良好的饮食习惯,改正不良的饮食习惯、态度或行为,逐步学会自主进餐,促进生长发育和身体健康。

(二) 学前儿童饮食与营养教育的年龄段目标

1.《指南》中的年龄段目标

学前儿童饮食与营养教育的年龄段目标指的是3~6岁各年龄段学前儿童所需达到的目标。《指南》就养成良好的饮食习惯的典型表现作出了非常具体的描述,可作为参考。具体如表5-1所示。

表5-1 学前儿童饮食与营养教育的年龄段目标

3~4岁	4~5岁	5~6岁
1.在成人引导下，不偏食、挑食。喜欢吃瓜果、蔬菜等新鲜食品。 2.愿意饮用白开水，不贪喝饮料	1.不偏食、挑食，不暴饮暴食。喜欢吃瓜果、蔬菜等新鲜食品。 2.常喝白开水，不贪喝饮料	1.吃东西时细嚼慢咽。 2.主动饮用白开水，不贪喝饮料

这些目标与中国营养学会发布的《中国居民膳食指南（2022）》中提出的学龄前儿童要"多吃新鲜蔬菜和水果""少喝含糖高的饮料"等观点基本一致，这不仅体现出国家对于学前儿童营养状况与健康的关注，也体现出对学前儿童从小形成健康生活方式的重视。[①]

2.各年龄段具体目标

根据近年的研究[②]，学前儿童饮食与营养教育的年龄段目标可以具体表述如下。

（1）小班目标。

认知方面：认识几种食物；知道不干净的食物不能吃；懂得饭前要洗手，饭后要漱口、擦嘴、洗脸；知道健康的身体需要营养。

情感和态度方面：进餐时保持愉快的情绪，愿意独立进餐；在成人指导下爱吃几种食物，主动饮水；愿意和主动饭前、便后洗手。

技能（行为习惯）方面：初步养成安静进餐、吃饭时不随意走动的习惯；在教师的帮助下将饭菜吃干净；不用手抓饭，不乱扔食物；学会用勺吃饭；初步养成饭前洗手、饭后漱口的习惯。

（2）中班目标。

认知方面：结合品尝经验，进一步认识多种常见食物；懂得要科学合理地进食；明白好吃的食物不宜多吃，少吃冷饮；知道多喝水有利于健康。

情感和态度方面：能轻松愉快进餐；爱吃多种食物；喜欢与同伴进餐；肥胖儿或消瘦儿有控制或增加饭量的意识。

技能（行为习惯）方面：养成专心安静进餐、细嚼慢咽、不偏食、不随意走动的习惯；不剩饭菜，不浪费粮食，学会自己收拾餐具和食物残渣；饭前洗手，饭后刷牙、洗脸；按时吃完饭菜，饭前、饭后不进行剧烈运动；在教师的督促下肥胖儿或消瘦儿要控制或增加饭量；能熟练用勺子吃饭，并学习用筷子吃饭。

（3）大班目标。

认知方面：初步了解不同的食物含有不同的营养，身体需要多种营养；偏食、暴饮暴食都是不良的饮食习惯，会影响健康；懂得少吃零食、多喝水的好处；能初步分辨食物的好坏，懂得变质的食物不能吃；知道食物不能多吃。懂得进餐时应愉快安静，饭前、饭后剧烈运动会影响健康。懂得肥胖、消瘦都属于营养失衡。

情感和态度方面：进一步养成独立进餐的习惯；感觉到集体进餐的愉悦；有意识地克服偏食等不良饮食习惯，喜欢吃各种食物。

---

① 李季湄，冯晓霞.《3-6岁儿童学习与发展指南》解读［M］.北京:人民教育出版社,2013.
② 胡晓伶，徐浩，殷玉霞.学前儿童健康教育与活动指导[M].长沙:湖南师范大学出版社,2018.

技能(行为习惯)方面:会使用筷子;主动摆放和收拾餐具;做到饭后刷牙或漱口,饭前、饭后不做剧烈运动;肥胖儿或消瘦儿能自觉地控制或增加饭量。

(三) 学前儿童饮食与营养教育的具体活动目标

总目标和年龄段目标都必须转化为一个个具体活动目标,才能落实到学前儿童的发展中,真正得到实现。从理论上讲,若干个活动目标的积累,便构成了年龄段目标和总目标。一个具体的学前儿童饮食与营养教育活动的目标可从情感目标、认知目标和能力目标三个维度来描述。

案例导入

小班健康教育活动 爱吃蔬菜的鳄鱼

活动目标:
(1) 认识几种常见蔬菜的外形特征。(认知目标)
(2) 了解吃蔬菜对身体的益处。(认知目标)
(3) 愿意吃蔬菜。(情感目标)

目标解析:该教学活动包含了两个认知目标,其中第二条目标可能会存在学前儿童在活动中难以亲身体验,却要他们有所感受的时候常常出现的说教;第三条目标则可能在一次活动中无法实现。建议修改为如下三点。
(1) 认识几种常见蔬菜。(认知目标)
(2) 能够运用多种感官辨别常见蔬菜的外在特征。(能力目标)
(3) 初步养成喜欢吃多种蔬菜的习惯。(情感目标)

中班健康教育活动 学会使用筷子

活动目标:
(1) 愿意学习用筷子,体验用筷子夹物的乐趣。(情感目标)
(2) 了解并掌握使用筷子的拿握姿势和方法。(认知目标)
(3) 尝试使用筷子进餐,提高生活自理能力。(能力目标)

目标解析:该教学活动考虑到了情感、认知、能力三个方面的目标。但是第二条目标存在重点不突出、不明确的问题。同时,在活动中无法安排进餐活动,因此第三条目标有失偏颇。建议修改为如下三点。
(1) 愿意学习用筷子,体验用筷子夹物的乐趣。(情感目标)
(2) 认识筷子的基本结构,了解筷子的由来。(认知目标)
(3) 学习正确的用筷方法,尝试用筷子夹物体。(能力目标)

五 学前儿童饮食与营养教育的内容

（一）了解粗浅的食物营养知识

这方面的教育内容包含两个层次，一是学前儿童在接触食物的过程中，需要认识食物的名称、种类、特点、可食用部位，品尝食物的味道；二是初步了解食物的营养价值，知道营养与身体健康有着密切的关系，了解营养素可以从哪些食物中获得等。

> **案例导入**
>
> **小班健康教育活动 摸箱猜蔬菜**
>
> 活动准备：几种常见的蔬菜（芹菜、西红柿、青椒、胡萝卜）若干、摸箱1个（有观察孔可以看见箱内情况）。
>
> 玩法：
>
> （1）将蔬菜放入摸箱，营造神秘的氛围，让幼儿将手伸到箱子里摸一摸。
>
> （2）启发幼儿一边摸一边说出蔬菜的特征（如长长的、滑滑的、圆圆的等），并让幼儿猜猜是什么蔬菜。若幼儿猜不出来，可适当通过观察孔观察。
>
> （3）在幼儿说出猜想后，教师将这个蔬菜取出来，看看幼儿猜得对不对。猜对的幼儿可以得到一张贴纸作为奖励。

（二）知道简单地处理和烹调食物的方法

通过参观或者观察，了解食物是从哪里来的；通过动手操作、观察讨论等方法，了解食物的加工制作过程、保存的方法等，从而丰富学前儿童的生活经验。

结合幼儿园开展的科学活动，教师带领学前儿童在种植区观察蔬菜的生长，了解蔬菜从一粒种子到成熟的过程。吃过橘子后的橘子皮也可以让学前儿童尝试进一步制作，通过实践操作，初步了解食物的加工制作过程、保存的方法。如图5-2、图5-3分别是学前儿童在观察蔬菜、晾晒橘子皮。

（三）掌握饮食的基本方法和技能

在饮食过程中掌握基本的方法和技能，如正确使用勺子、筷子等餐具，剥鸡蛋壳，吃条状食物等不同类型食物的技能等，从而提高学前儿童的饮食自理能力。如图5-4所示，学前儿童正在练习如何使用筷子。

图 5-2　学前儿童观察蔬菜
（图片来自合肥幼教集团新店花园幼儿园）

图 5-3　学前儿童晾晒橘子皮
（图片来自合肥幼教集团新店花园幼儿园）

图 5-4　学前儿童练习使用筷子
（图片来自北京市朝阳区丽景幼儿园）

（四）形成良好的饮食习惯

养成安静专心进餐、细嚼慢咽、饭菜搭配、均衡饮食、不偏食的习惯；养成多喝白开水、少喝饮料的习惯；养成饭前洗手、饭后漱口的习惯；了解不良的饮食习惯对人体的危害，通过成人的反复提醒，形成良好的饮食习惯等。

（五）了解民间饮食文化及风俗习惯

一是结合各种节日活动，了解本土及全国的传统美食，了解民间饮食文化和风俗习惯，建立起对祖国饮食文化的热爱。[1]同时，扩大他们的视野，通过一些视频、饮食节目，了解国外的多元饮食文化。

二是通过饮食文化及风俗习惯的认识，逐步养成健康文明的饮食礼仪。从培养现代人的角度看，学前儿童应从小懂得在群体用餐中应有的饮食礼仪，如在进餐过程中讲究餐桌卫生，在自助餐和聚餐中能按需取食，不浪费食物等，同时也可以让学前儿童学习和使用一些基本的进餐礼貌用语和礼仪行为。

任务二　掌握学前儿童饮食与营养教育的实施途径与活动设计

一　学前儿童饮食与营养教育遵循的原则

学前儿童饮食与营养最重要的是达到平衡膳食的要求。平衡膳食指的是膳食中营养素的种类齐全、数量充足、比例适当，且易于消化吸收，能满足学前儿童正常的生理需求。因此，需要注意以下三点原则。[2]

（一）食物种类多样

得益于现代技术、运输条件的改善，人们在生活中能接触到的食物是多种多样的。各种食物包含的营养素也不尽相同，人无法从一种食物中获取生长发育所需的全部营养。学前儿童处于生长发育迅速的阶段，对各种营养素的需求量相对高于成年人的需求量。因此，要达到学前儿童平衡膳食的要求，就必须广泛食用多种食物，这是平衡膳食的基础。

（二）以谷类为主

谷类食物是中国传统膳食的主体，是人体能量的主要来源。以谷类为主的膳食既可以为学前儿童提供充足的能量（主要指碳水化合物、蛋白质、膳食纤维等），也可以避免摄入过多的脂肪和含脂肪

---

[1] 温乐.以二十四节气传统饮食习俗开展幼儿营养教育的实践[J].基础教育研究,2023(8):90-92.
[2] 宣兴村.学前儿童卫生与保健[M].2版.长春:东北师范大学出版社,2017.

较高的动物性食物,有利于其身体健康,这是平衡膳食的保障。

这里需要注意的是,以谷类为主并不代表不吃肉类、蔬菜类、水果类等食物。肉、鱼、禽、蛋等动物性食物是学前儿童生长发育过程中所需的优质蛋白、脂溶性维生素等良好的来源。蔬菜和水果所含营养成分也不尽相同,不可相互替代,要避免存在"孩子喜欢吃水果,也已经吃了不少水果了,蔬菜和肉不吃也行"的现象。

(三) 合理搭配

上面两条原则讲到食物所含营养素、营养素的量是不同的,需要吃多种食物,因此需要合理搭配多种食物,才能实现膳食平衡,这是关键。生活中,主要要注意的是荤素搭配、粗细搭配、谷物与豆类及其制品搭配、干稀搭配等(图5-5)。

图5-5 幼儿园每日午餐
(图片来自合肥幼教集团新店花园幼儿园)

二 学前儿童饮食与营养教育活动设计的基本要求

饮食与营养教育是学前儿童健康的内容之一。作为幼儿园教师,在制定学前儿童饮食与营养教育活动方案时,需要掌握其基本要求。[1]一般来说包括确定活动目标、选择活动内容、明确活动途径、做好活动准备、精选活动方法、优化组织过程等内容。

拓展资源
"学前儿童饮食与营养教育活动设计的基本要求"
扫码学习学前儿童饮食与营养教育活动设计的基本要求。

---

[1] 邓志军,杨竟楠.学前儿童健康教育与活动指导[M].北京:现代教育出版社,2017.

三 学前儿童饮食与营养教育活动的教学方法

（一）讲解示范法

教师通过具体形象的语言向学前儿童讲解饮食与营养基本知识，同时结合一些食物的实物或模型、科普视频资源等加以演示，引导儿童通过各种感官进行学习，帮助学前儿童尽快掌握饮食与营养的有关知识和技能，提高学前儿童的认知水平。例如，在中班"蔬菜好吃有营养"活动中，对于学前儿童来说，"营养素及其对人体的作用"这一知识就难以理解，因为营养素看不见、摸不着。教师则可以结合一些动画、科普视频进行讲解，帮助学前儿童进行具体、形象的学习。

（二）情景表演法

教师或学前儿童就特定的生活情境、故事情节等展开表演，然后引导学前儿童思考分析情境中所涉及的饮食与营养问题。需要注意的是，在运用该方法时，教师应该选择那些与学前儿童生活联系紧密、基于他们现实生活的情境，这样才能激发他们参与活动的积极性、兴趣，引起他们的注意，进而引导学前儿童解决现实生活中的问题。例如，教师运用中班故事"胖公主与瘦公主"中的情节，结合学前儿童用餐时的照片开展故事表演，引导他们懂得"蔬菜和肉类都要吃"的知识。

（三）感知体验法

学前儿童通过各种感官去认识、辨别事物的特性。教师可以用这种方法引导学前儿童通过亲身体验、实践操作的方式和过程加深他们对事物的印象，激发参与活动的兴趣，从而自觉接受教育。例如，在中班"'难闻'的蔬菜宝宝"活动中，教师即可运用这种方法，让学前儿童通过尝一尝、闻一闻、摸一摸等方式认识胡萝卜、芹菜等具有特殊气味的蔬菜。在小班"我爱喝白开水"活动中，教师准备好白开水，请学前儿童饮用后说一说感受等。

案例导入

小班健康活动　蔬菜那些事

根据小班儿童喜欢颜色丰富的食物和蔬菜这一特点，可以开展"蔬菜那些事"教育活动，引导儿童认识蔬菜及其结构。

在活动开展过程中，可以事先准备一些切开的蔬菜，便于学前儿童观察蔬菜的结构特征。教师提问："这些切开的蔬菜是什么？像什么？有什么不一样的地方？"同时，活动可以进行科学、美术领域的综合，开展认识身边的事物、蔬菜印画等活动。如图5-6、图5-7分别展示了教师组织蔬菜印画的活动材料和学前儿童的印画作品。

图 5-6 教师组织蔬菜印画活动材料

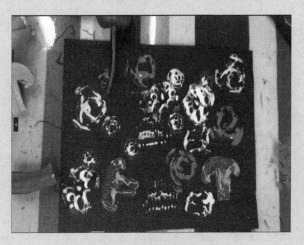

图 5-7 学前儿童蔬菜印画作品

(图片均来自合肥幼教集团新店花园幼儿园)

(四) 游戏法

游戏是学前儿童最喜欢的活动方式。教师利用这种方法，引导他们在自主选择、轻松愉快的氛围中，丰富他们关于饮食与营养的感性知识，改变他们对饮食与营养的态度，促使他们形成良好的膳食习惯，寓教于乐。游戏法既可以作为单独的游戏，也可以看成在集体教学活动中某一环节的应用。例如，教师在介绍了某些蔬菜的营养价值后，开展"喂喂小动物"的游戏，请学前儿童选择食物投喂给相应的小动物，增加活动过程的趣味性。

(五) 讨论法

组织讨论，能够引导学前儿童积极地参与到饮食与营养教育活动过程之中，为他们提出问题、发表意见、分享交流提供机会。同时，在讨论过程中促进学前儿童倾听他人、理解他人、尊重他人的社会性方面发展。

案例导入

小班健康教育活动 你了解蔬菜吗？

鉴于小班学前儿童普遍倾向于喜好色彩鲜艳的食物和蔬菜，教师针对此特点开展了"你了解蔬菜吗？"健康教育活动，旨在引导学前儿童全面认识多种多样的蔬菜及蔬菜制品，并深入了解蔬菜对人体健康的益处。通过本次活动，教师期望学前儿童能够建立起对蔬菜的正确认识，培养健康的饮食习惯，从而促进他们的健康成长与发展。

在开展活动时，教师可以通过提出"你要和小朋友们分享的是什么蔬菜呢？""我们吃的是这个蔬菜的哪个部位？""吃这个蔬菜有什么好处呢？"等问题，引导学前儿童上台分享、交流，从多个方面了解蔬菜的名称、外形特征、可食用部位及其营养，知道多吃蔬菜对身体有哪些好处。如图5-8所示，教师正在组织学前儿童讨论相关问题。

图5-8 教师组织学前儿童讨论
（图片来自合肥幼教集团新店花园幼儿园）

（六）参观走访

教师可以带领学前儿童参观幼儿园的种植区、社区的超市、菜园等与饮食营养有关的场所，观察、了解果蔬从种子到开花结果、采收、加工、售卖等一系列的情形，丰富他们的生活经验。

拓展资源
《蔬菜那些事》
扫码学习小班课程故事《蔬菜那些事》。

项目五 学前儿童饮食与营养教育

四 学前儿童饮食与营养教育活动的实施途径

（一）开展集体教育活动

教师在充分分析学前儿童的经验和发展需要的基础上，依据他们的饮食与营养状况和认知水平，有目的、有计划地开展专门的集体教育活动。[1]这些集体教育活动是学前儿童饮食与营养教育的重要实施途径。

在设计、组织与实施集体教育活动时，应注意如下三点。

一是集体教育活动主要针对的是学前儿童饮食与营养教育、均衡膳食中存在的一些共性问题，学前儿童较难理解的营养知识，需要他们特别学习与练习的生活技能等。[2]活动可以预设，也可以生成。

二是活动设计思路上也是有迹可循的。例如，在设计一些认识食物的活动时，可以按照"合适导入方式或创设情境-感知食物的特点-激发乐意吃某些食物的兴趣-亲身体验品尝"的思路进行设计。在设计一些了解食物营养的活动时，可以按照"合适导入方式或创设情境-呈现问题，讨论评议-正反对比，明确要求-行为练习，巩固深化"的思路进行设计。例如，在中班"挑食的太郎"健康教育活动中，教师首先以绘本故事导入；其次借助故事呈现出"挑食好不好"的问题，学前儿童根据故事进行大胆交流；再次引出学前儿童在吃饭时出现的好的现象和不好的现象，进行正反两方面的对比，进一步明确了"不能挑食，要吃多种食物的要求"；最后，教师带领学前儿童吃某些食物，进行"不挑食、不偏食"的良好饮食行为与习惯的巩固练习。

三是活动开展过程中注意领域之间的渗透。饮食与营养教育可以渗透生活习惯与能力、身体认知和保护等健康领域的内容，也可以渗透语言、数学等领域的内容。

微课视频
《学会使用筷子》
扫码观看视频《学会使用筷子》。

（二）渗透一日生活环节

学前儿童饮食与营养教育应该与学前儿童的一日生活紧密联系，良好的饮食行为习惯的养成适合在日常生活中进行。幼儿园的一日生活环节中进餐、点心、饮水（衔接环节）和饮食与营养教育有着很大的关系，可以使学前儿童在不知不觉中学习和掌握有益健康的饮食与营养习惯和能力。例

---
[1] 李秀敏.幼儿园健康教育与活动指导[M].南京：南京师范大学出版社,2020.
[2] 杭梅.幼儿健康教育与活动指导[M].北京：北京师范大学出版社,2014.

如，饭前和便后洗手（图5-9）、值日生介绍菜谱、饭中练习使用筷子、饭后收拾餐桌（图5-10）等。因此，教师要妥善利用日常生活中的每一个环节，抓住教育契机，对学前儿童进行适时的饮食与营养教育，这往往能起到事半功倍的效果。

图5-9　学前儿童饭前洗手　　　　　　　图5-10　学前儿童饭后收拾餐桌

（图片均来自湘南幼儿师范高等专科学校附属幼儿园）

微课视频

《"1+X"证书"幼儿照护（进餐指导）"》

扫码观看视频《"1+X"证书"幼儿照护（进餐指导）"》。2020年，教育部公布了部分第三批职业技能等级证书与培训评价组织名单，其中包含了"幼儿照护职业技能等级证书"。湖南金职伟业母婴护理有限公司作为培训和评价组织，开发了初级、中级、高级"幼儿照护"核心操作技能课程，"进餐指导Z-8"是中级证书中的核心技能之一。同学们可以扫描旁边的二维码进行自主学习。

（三）区域活动

教师可以通过创设活动区域、投放材料来满足学前儿童个性化学习的需要，促使他们在自主、积极的探究中了解饮食与营养的粗浅知识、掌握饮食技能、养成良好的饮食与营养习惯。例如，在"种植区"开展蔬菜种植观察活动，了解蔬菜的生长过程；在"娃娃家"投放勺子、筷子等用餐工具，创设"喂娃娃吃饭"的游戏情境，提升用餐的技能，提高独立用餐习惯的积极性；在"超市"开展食物准备或食物制作活动，通过直接感知、实际操作、亲身体验了解食物的特性，进而接受和喜欢不同的食物。

教师需要注意的是区域活动一方面可以用于集体教学活动的延伸与拓展，另一方面，可以将一些适合于小组或个别的活动直接在区域活动中进行，从而有效地支持学前儿童个别化学习，促进其个性化发展。因此，需要教师通过日常观察、师幼互动，对班级儿童的年龄特点、个性特点、知识技能水平等有深入的了解。如图5-11所示，学前儿童正在幼儿园区角观察大蒜生长。

图 5-11　学前儿童在区角观察大蒜生长
（图片来自合肥幼教集团新店花园幼儿园）

（四）环境创设

教师可以结合班级开展的活动主题，综合考虑日常生活、环境对学前儿童学习的支持作用，通过对班级的主题墙、活动区等的环境布置，拓展他们的饮食与营养知识，提醒学前儿童保持良好的行为习惯。例如，在"食物王国"的主题下，布置"中国美食地图""世界美食地图"，引导儿童了解各个国家和地区的美食及饮食文化；在"小小卖菜员"活动中提供展示板（图5-12），方便儿童介绍相关的蔬菜。

图 5-12　教师为"小小卖菜员"制作的展板
（图片来自合肥幼教集团新店花园幼儿园）

（五）家园共育

学前儿童健康教育如果没有家长的支持，学前儿童的良好习惯是无法真正形成的，特别是饮食与营养教育可能会出现"5+2=0"的现象。因此，家园共育十分重要。教师在开展饮食与营养教育过程中，可以将需要学前儿童掌握的内容及时与家长沟通，保持教育的一致性。例如，面对肥胖儿童的饮食与营养教育，可以将一些内容通过QQ群、微信等途径向家长进行宣传，并通过这些沟通平台及时与家长互动反馈。

五 学前儿童饮食与营养教育活动设计

（一）小班活动设计

小班健康教育活动 好吃的橘子
江苏省南京市北京东路小学附属幼儿园 姜杨

1. 设计意图

橘子是小班幼儿生活中最常见、喜欢吃的食物之一。运用这一常见的水果，开展认识食物的活动，符合幼儿的生活经验和认知、技能水平。《指南》指出教师要引导小班幼儿喜欢吃水果。此次活动，通过创设"礼物"情境，引导幼儿猜想、运用触觉、嗅觉、味觉、视觉等多种感官感知橘子的特征，在观察橘子中获得愉悦的情绪体验。

2. 活动目标

（1）学习运用各种感官感知橘子，认识橘子的基本特征。

（2）在观察及感知的基础上，尝试用适当的语言表达自己的发现。

（3）愿意参与观察活动。

3. 活动重难点

（1）重点：运用多种感官认识橘子的基本特征。

（2）难点：愿意观察并积极表达自己的发现。

4. 活动准备

（1）物质准备：每名幼儿1个橘子，摸袋、餐盘若干等。

（2）经验准备：幼儿有过剥橘子、吃橘子的经历。

5. 活动过程

（1）教师出示摸袋，设置情境，引导幼儿用触觉感知橘子。

引导语：今天老师给大家带来了一份礼物。用手摸一摸，你猜会是什么，摸上去有什么感觉？

幼儿自由感知、积极表达。

教师小结：是橘子，橘子摸上去是软软的、糙糙的、扁圆的。

（观察与指导要点：本环节主要是为了调动幼儿参与活动的积极性。教师要利用神秘的袋子装着礼物这一情境，让幼儿猜想，以此激发幼儿的兴趣。）

（2）运用多种感官，观察橘子的外部特征。

教师带领幼儿打开袋子，并用提问的方式引导幼儿仔细观察橘子。

①观察橘子的外部特征。

引导语：橘子是什么样子的？像什么？是什么颜色的？闻一闻橘子是什么味道的？

教师小结：橘子是扁圆形的、软软的；橘子的颜色也不一样，有的是绿色的，有的是橘黄色的，有的颜色深一点，有的颜色浅一点；橘子的皮摸上去有的是糙糙的，有的是滑滑的；橘子闻起来是香香的。

（观察与指导要点：此环节的作用在于引导幼儿认识橘子的外在特征。教师需要注意提问的次数和频率，不可一次性问太多的问题；提问后要给予幼儿充分表达的时间，并适当帮助幼儿小结。）

②观察橘子的内部特征。

教师与幼儿一起剥开橘子，引导幼儿观察其内部特征。

教师提问：橘子里面是什么样子的？有几瓣？

小结：橘子里是一瓣一瓣的果肉，还有白丝。橘子瓣的数量也不一样。

（观察与指导要点：此环节作用在于认识橘子的内在特征。教师除了要给予幼儿表达的机会外，还要注意观察是不是每名幼儿都能剥开橘子；都能数清楚橘子瓣的数量，渗透数学教育目标。）

（3）品尝橘子，感知橘子的味道。

教师请幼儿品尝自己手中的橘子。

教师提问：橘子吃到嘴里是什么味道的？里面小小的、硬硬的是什么？

幼儿自由发言。

6. 活动延伸

（1）日常生活：运用多种感官，观察、了解别的水果特征。

（2）语言活动：开展一次语言活动，幼儿分享自己喜欢吃的水果。

7. 活动反思

本次活动的重点是认识橘子这一生活常见的水果的特征。在活动中，教师给每名幼儿一个橘子并进行猜想，激起了幼儿的兴趣；引导幼儿用眼睛看一看、用手摸一摸、用鼻子闻一闻、数一数橘子瓣数量、尝一尝等方式，全面认识了橘子的基本特征及味道，给予幼儿实践体验的机会，符合小班幼儿学习的形象性和动手操作性的年龄特点。同时，此次活动渗透了科学领域、语言领域的教育目标与内容。例如，情境导入、猜想、多种感官形式运用验证猜想，调动幼儿的科学思考能力、发展幼儿的科学观察能力。引导幼儿积极表达观察的结果，说一说自己的想法，满足了幼儿语言表达的欲望，促进了其表达交流能力和语言发展。

（二）中班活动设计

中班健康教育活动 挑食的太郎

1. 设计意图

现在的家庭条件好了，很多家长反映孩子在家很挑食，遇见自己喜欢吃的东西，不管有没有营养，使劲吃，可是遇到自己不喜欢吃的东西，不管家长怎样劝说，绝对不会张嘴。幼儿园在进餐过程中经常也会有幼儿挑食的现象。《指南》在健康领域的目标中指出：要帮助幼儿了解食物的营养价值,引导幼儿养成不偏食、不挑食的良好饮食习惯,喜欢吃瓜果、蔬菜等新鲜食品。此次活动,通过阅读绘本、实物试吃等方式引导幼儿了解生活中常见的食物,了解食物中含有的营养价值,激发幼儿爱吃某些食物的情感,引导幼儿逐步养成不偏食、不挑食的良好饮食习惯。同时渗透语言领域的教育目标,能够通过观察,了解故事内容,敢于表达。

2.活动目标

(1) 初步了解基本的营养知识,知道吃多种食物有利于身体健康。

(2) 能够理解故事内容,大胆讲述故事情节。

(3) 愿意吃多种食物,逐步形成不挑食的良好饮食习惯。

3.活动重难点

(1) 重点:了解基本的营养知识,知道要吃多种食物。

(2) 难点:在教师的引导下,愿意尝试吃某些食物。

4.活动准备

(1) 物质准备:多种食物(胡萝卜、西红柿、牛奶等)、《鬼鬼盯着你》绘本及PPT故事课件。

(2) 经验准备:幼儿对生活中常见的食物有一定的认识和品尝经验。

(3) 环境准备:设置"食物王国""中国美食地图"等有关食物的主题墙。

5.活动过程

(1) 教师出示绘本PPT,介绍绘本主要人物。

引导语:小朋友,今天老师给你们带来了一个新朋友。这个男孩叫太郎,他是一个爱挑食的孩子,他有一个很特别的朋友叫鬼鬼,他们之间发生了一段很惊心动魄的故事。你觉得朋友之间会发生什么事情?

幼儿大胆猜测。

引导语:那我们一起来看看他们到底发生了什么吧。

(2) 观察画面,切入主题,讲述太郎如何处理不喜欢吃的食物。

①教师播放PPT第1～7页画面内容,幼儿仔细观察画面。

引导语:小朋友们,鬼鬼有什么作用?它能帮助太郎做什么?爸爸妈妈知道太郎有这样一个朋友吗?

幼儿观察画面,思考问题,大胆讲述太郎如何处理不喜欢吃的食物。

教师小结:原来太郎是一个挑食的孩子,他把他自己讨厌吃的胡萝卜等食物都给鬼鬼吃了。鬼鬼是一个小怪兽,他把太郎不喜欢吃的都吃了。太郎害怕爸爸妈妈知道了,还把鬼鬼藏起来了。

(观察指导要点:本环节教师要重点引导幼儿发现太郎是一个挑食的孩子,不喜欢吃某些蔬菜。)

②教师继续播放PPT第8～13页,幼儿继续观察、讲述故事内容。

引导语:小朋友们,太郎这次把鬼鬼带到哪里去了?又给鬼鬼吃了什么东西?鬼鬼有没有发生变化?

幼儿观察画面,继续大胆讲述故事内容。

教师小结:太郎把鬼鬼带到了学校,让鬼鬼帮忙喝了牛奶。鬼鬼越来越大、越来越有力气。

(观察指导要点:本环节教师要重点引导幼儿发现太郎不仅仅在家里挑食,在学校里也是一个挑食的孩子,不喜欢喝牛奶。)

③教师播放PPT第14~18页，引导幼儿观察故事内容、情节的巨大变化。

引导语：太郎和鬼鬼在学校发生了什么大变化？鬼鬼真的是太郎的好朋友吗？他要对太郎做什么？

（观察指导要点：此环节中教师可以通过夸张的语气，故意引起幼儿的注意力，重点引导幼儿发现故事发生了巨大变化，鬼鬼并不是太郎的好朋友，它是一个怪兽，要吃了太郎。）

④教师播放PPT第19~23页，了解故事的结尾。

引导语：太郎最终被吃了吗？为什么呢？

教师小结：小朋友要想长大、力气大，需要吃很多食物，不能挑食。

（观察指导要点：该环节教师要引导幼儿发现太郎与其他小朋友之间的区别及其原因。通过对比，引导幼儿知道吃多种食物有利于生长、有利于身体健康，才会有力气。）

（3）播放PPT课件中幼儿吃饭时的照片或者视频。

教师从绘本故事引出日常幼儿吃饭时的照片或视频，幼儿观察照片或视频。

引导语：我们一起来看这些小朋友，他们吃饭时表现得怎么样？是不是像太郎那样挑食呢？这么做合适吗？

（观察与指导要点：该环节的作用在于从故事内容过渡到幼儿生活实际情景，引出幼儿思考自身可能存在的不良饮食习惯。因此，教师要以故事内容为"引子"，引导幼儿发现自己身上存在的不良饮食习惯以及这些习惯的坏处，从而激发幼儿想要吃、愿意吃多种食物的欲望，转变他们的态度。）

（4）吃一吃，尝一尝。

教师拿出为幼儿准备的胡萝卜、西红柿、牛奶等食物，请全体幼儿吃一吃、尝一尝这些食物。

教师总结：我们已经知道了挑食是不好的习惯，平时要吃多种多样的食物才能让我们健康。那下面我们就来尝尝老师准备的这些食物吧。吃完以后记得把残余的垃圾放在垃圾桶里哦。

（观察与指导要点：健康教育的重要目标之一就是帮助幼儿养成健康行为。前面的环节主要还是集中在认识、态度层面，最后"吃一吃、尝一尝"的环节是在充分激起幼儿的欲望后开展的实践操作、亲身体验，这能更好地巩固幼儿健康饮食行为习惯。）

6.活动延伸

（1）阅读区：将绘本《鬼鬼盯着你》放在图书角供幼儿继续阅读。

（2）日常生活：在午餐、点心时间，继续鼓励幼儿吃多种多样的食物，均衡膳食。

7.活动反思

本次活动以幼儿存在的挑食、偏食等不良饮食与营养习惯为中心，以绘本故事为切入点，引导幼儿在理解绘本内容、反思自己的饮食习惯、亲自品尝食物的过程中了解基本的营养知识，知道吃多种食物对身体的好处，并亲自品尝食物，巩固自身健康行为。同时，本次活动融合、渗透了语言领域教育要求，体现了在幼儿园开展综合活动的思想。

拓展资源

"《鬼鬼盯着你》PPT课件"

扫码阅读《鬼鬼盯着你》PPT课件。

(三) 大班活动设计

大班健康教育活动 娃娃食谱

1. 设计意图

目前我国导致幼儿营养不良的主要原因是膳食不平衡或饮食习惯差，幼儿的饮食习惯培养需要家园之间的配合。为了了解幼儿家庭生活中的饮食状况，教师组织幼儿开展了"家庭食谱大调查"活动。《指南》中指出，要合理安排餐点，帮助幼儿养成定点、定时、定量进餐的良好饮食习惯。此次活动基于前期的调查，通过幼儿分享食谱、了解一日三餐搭配、重新设计家庭食谱等环节，引导幼儿了解科学、合理的膳食结构，进而培养他们愿意定时定量进餐的习惯。

2. 活动目标

（1）初步了解科学的膳食结构和人体每天对各种营养的需求量。

（2）能够进行一日三餐的营养搭配。

（3）愿意定时定量进餐，不偏食。

3. 活动重难点

（1）重点：了解科学的膳食结构和人体每天对各种营养的需求量。

（2）难点：能根据三餐搭配原则，进行一日三餐搭配。

4. 活动准备

（1）物质准备：膳食宝塔图，三餐食谱图片，多种食物的图片，如主食、荤菜、蔬菜、水果、海鲜产品等。

（2）经验准备：幼儿有丰富的进餐经验，并提前进行了家庭食谱大调查。

（3）环境准备：配合创设。

5. 活动过程

（1）教师出示家庭食谱调查表，引导幼儿分享周末吃了哪些食物。

引导语：小朋友们，上周请大家回去调查了周末吃了哪些食物，现在我们一起来看看吧。请小朋友们说一说都吃了什么。

幼儿自由分享。

教师小结：原来周末吃了这么多东西，有米饭、肉、鱼、花菜、苹果等。

（观察与指导要点：本环节的作用在于引起幼儿前期的调查所获得经验，引导幼儿发现每天吃了多种多样的食物。教师需要根据幼儿的分享及时进行总结，发现问题，即是否存在有不合理的家庭食谱搭配，为接下来的环节做铺垫。）

（2）出示食谱图片，引导幼儿说一说三餐应该如何搭配。

引导语：刚刚小朋友们分享了家里的食谱，也说了很多自己喜欢吃的东西。那是不是自己喜欢吃的就可以多吃呢？

①引导幼儿看早餐图，请幼儿说一说早餐应该怎么吃，并说出原因。

引导语：早餐吃得多的是什么？为什么呢？

幼儿自由发言。

教师小结：早餐要注意干稀搭配，如牛奶和面包等，营养全面，这样才能吃得饱、有营养。

②引导幼儿看午餐图，请幼儿说一说午餐应该怎么吃，并说出原因。

引导语：午餐应该吃什么？与早餐有什么不一样？

幼儿自由发言。

教师小结：午餐要有主食（米饭、面食），荤素搭配（青菜、鱼肉、豆制品等），最好喝点汤。

③请幼儿搭配晚餐，然后再看晚餐图。

引导语：现在老师请小朋友们先想一想晚餐应该吃什么？

幼儿自由搭配。

引导语：好了，那我们再看看晚餐图，看看小朋友们搭配得怎么样。

教师小结：晚餐和午餐基本一样，只是少吃油腻的食物，以免不消化。

（观察与指导要点：这一环节的主要作用在于引导幼儿初步发现科学的膳食结构。教师重点引导幼儿观察三餐食谱图片，发现三餐之间的区别、饮食的重点。早餐、午餐可以先出示食谱图片，意在引导幼儿发现应该怎么搭配，晚餐则换个思路，先请幼儿搭配，再进行验证，初步进行一餐搭配，为下一环节三餐搭配提供经验。）

（3）出示膳食宝塔图，了解人体每天对营养的需求量。

引导语：每天应该吃的东西应该遵循膳食宝塔的搭配原则，下面的东西应该多吃，上面的东西应该少吃。你能发现每天吃得最多的是什么，最少的是什么？

幼儿观察膳食宝塔，自由分享。

教师小结：吃得最多的应该是米饭、馒头、面包、面条、玉米、土豆等，这些粮食做的食物可以让我们有力气；吃得第二多的应该是蔬菜、水果，它们能补充我们身体所需的维生素；牛奶、鸡肉、鸡蛋、鱼肉都要吃一些，能补充蛋白质，可是不能吃得太多；巧克力这样的甜食和油炸的东西都应该少吃。

（观察与指导要点：本环节是在上一环节的基础上，进一步了解人体每天需要多少营养。教育重点在于引导幼儿发现每种不同的食物每天需要多少，哪些应该多吃、哪些要少吃。）

（4）制作娃娃食谱。

根据早、午、晚餐的搭配原则和每天营养的需求量，请幼儿再次完善各自的娃娃食谱，并注意设计时的食物颜色搭配，如红色、黄色、白色、黑色和绿色等的搭配，引起幼儿的食欲。

引导语：那么接下来我们就把自己的娃娃食谱重新设计一下吧。老师这里提供了很多食物的图片，小朋友们可以自由选择。

（观察与指导要点：该环节作用在于幼儿能够综合运用前面环节学习到的知识，进行一日三餐的搭配。教师重点巡回指导，指导个别幼儿的搭配是否存在不适合的地方。制作结束后，可以安排个别幼儿进一步分享，也可以自然结束活动。）

6.活动延伸

（1）家园共育：在家庭中鼓励幼儿常吃有益的食物，进餐时不偏食，养成定时吃饭的习惯。

（2）环境创设：可以将幼儿设计的食谱放在区角、主题墙的相应位置，提醒幼儿每天均衡进餐。

7. 活动反思

本次活动旨在引导幼儿树立"均衡饮食"的理念，引导幼儿初步了解食物与人类健康的关系，知道吃的食物要多样化且适量，并尝试配餐，从小培养健康的饮食习惯。活动以幼儿之前开展的家庭食谱调查为经验基础，首先了解家庭生活中的饮食现状。然后基于该现状，运用科学的三餐搭配图和膳食宝塔，引导幼儿思考和发现科学、合理的三餐应该是如何搭配的，解决"喜欢吃的食物就可以多吃"类似问题。最后，再回到幼儿的前期调查经验，教师提出完善娃娃食谱的要求，幼儿动手操作。整个活动总体来说，层层递进，能够达成预设的目标。

拓展资源
"学前儿童饮食与营养教育中其他应注意的问题"
扫码学习"学前儿童饮食与营养教育中其他应注意的问题"。

◇ 项目小结

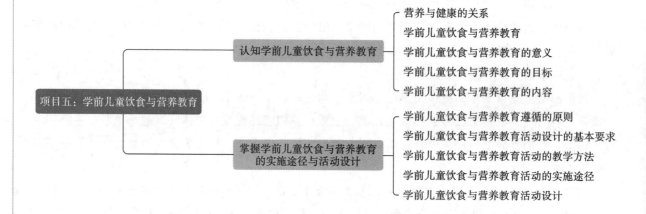

思考与练习

一、单项选择题

1. 留守儿童小华身上有一些不良行为习惯，班主任老师应（　　）。（选自2012年下半年幼儿园教师资格证考试）

　　A. 关心爱护小华，加强对他的行为养成教育

　　B. 宽容理解小华，降低对他的要求并顺其自然

　　C. 严厉责罚小华，令其尽快改变不良行为习惯

　　D. 联系小华家长，责令其督促小华改变不良习惯

2. 缺锌会导致婴幼儿（　　）。（选自2019年下半年幼儿园教师资格证考试）

　　A. 食欲减退　　　　B. 夜盲症　　　　　　C. 佝偻病　　　　　　D. 肌无力

3.幼儿饮食与营养教育是长期性的教育工作，以下做法不正确的是（　　）。

A.吃饭时不过分催促，提醒幼儿细嚼慢咽，不要边吃边玩

B.帮助幼儿了解食物的营养价值

C.干稀搭配、粗细粮搭配

D.鼓励幼儿多吃荤菜，少吃蔬菜

二、材料分析题

小班幼儿欣欣今天第一天入园，由妈妈领进幼儿园，一路哭个不停，胡老师牵着欣欣的手，蹲下来拥抱她，轻轻擦干她脸上的泪水安慰着："宝贝，快别哭！老师爱你哦！跟妈妈说再见，好吗？"早饭时，欣欣拿不稳勺子，吃一口包子就含在口里不咀嚼也不咽，吃得非常慢。喝牛奶时，她用舌头舔着喝，到早餐结束也没喝几口。于是，胡老师耐心喂她吃早餐。离园时，胡老师与欣欣妈妈进行了交流，了解欣欣体弱多病，家长因担心孩子吃不饱，怕孩子弄脏衣服，在家中很少让欣欣自己吃饭，喝水也一直用奶瓶。从第二天开始，胡老师耐心教欣欣正确握勺方法，告诉她吃饭时嘴里不要含饭玩耍，两侧牙齿要同时咀嚼，并给欣欣示范如何用杯喝水。

胡老师还为家长推荐家庭教育方面的书籍，建议家长在家里锻炼欣欣自己吃饭、喝水。经过一个多月的努力，欣欣能像别的幼儿一样正常进餐，入园焦虑也逐渐消失。（选自2019年下半年幼儿园教师资格证考试）

问题：请结合材料，从教师职业道德角度，评析胡老师的教育行为。

思考与练习参考答案

实践与实训

实训一：结合以下案例，运用本项目学习内容，模拟一次指导家长改变幼儿饮食与营养习惯的家园互动。

6岁的瑶瑶上幼儿园大班了，麦当劳、肯德基是她的最爱，特别是炸鸡翅。因此妈妈经常带瑶瑶光顾这类"快餐厅"。幼儿园老师得知这个情况后，特意找到瑶瑶妈妈，跟她说明了"洋快餐"的危害，建议她尽量少带瑶瑶吃"洋快餐"。

目的：掌握幼儿饮食与营养教育的方式、途径，并能结合实际情境解决问题。

要求：两名同学为一组，一人扮演教师，一人扮演妈妈。假定此次家园互动时间为离园前，结合本项目所学均衡营养、良好饮食习惯培养等知识进行互动模拟。

形式：小组合作。

实训二：运用去幼儿园实习的机会，观摩一次幼儿园饮食与营养教育活动，并运用幼儿饮食与营养教育的相关理论评析观摩到的活动。

目的：掌握幼儿园饮食与营养教育活动的组织、实施；针对幼儿园教师开展的活动进行反思。

要求：小、中、大班任选其一；观摩时记录下教学主题、活动环节、师幼互动等情况；评析时可从活动目标达成度、内容选择适宜性、活动组织与实施、师幼互动效果、教师教学方法运用等方面进行。

形式：实地观摩与分析。

实训三：根据提供的素材，制作一份片段教学PPT。

题目：主题活动——做健康宝宝。

内容："片段教学"课件制作。

对学前儿童进行健康教育意义重大而深远。营养教育是提高幼儿健康认识、培养饮食行为的有效手段，如引导幼儿了解人体对食物的需求，知道人们需要吃不同的食物，才能营养全面，有利于身体健康，养成不挑食的习惯。而"病从口入"人人皆知，通过学习正确洗手方法来培养幼儿讲究卫生的好习惯也是幼儿园特有的健康教育活动。健康教育涉及认知、语言、音乐等方面的内容较为丰富，适合课件题材的选用。

（选自2022年全国职业院校技能大赛"学前教育专业教育技能"题库，有删减。）

思政案例

彰显传统文化，激发爱国之情

中华民族传统美德始终是中华民族赖以生存和发展的道德根基和思想基础，始终是中华民族赖以生存和发展的重要精神支柱和精神动力。文化是民族精神的核心，是民族的魂灵，是民族力量的源泉。

传统节日是构建社会主义和谐社会的动力源泉，是提高民族凝聚力、增强民族认同感与归属感的力量源泉。随着时代的持续演进与发展，我们应当紧随时代的脚步，积极吸纳并融合节日中蕴含的热闹与趣味元素，强化人际交往与文化交流，注重人文关怀与关爱，不断拓宽传统文化的传承方式与途径。

春节是中国人一年中最隆重的传统佳节。春节，在我国历来被称为"新年"，此称谓源于中国悠久历史中一直沿用的农历，农历正月初一，正是新一年的伊始，标志着全新一年的开启。

公元前2000多年的一天，舜成为新的部落联盟首领后，带领着部下人员祭拜天地，从此人们就把这天当作岁首。据说这就是农历新年的由来。隆重的节日就会有独特的庆祝习俗，我国的春节习俗有贴春联、贴年画、放鞭炮、舞龙、舞狮、划旱船、踩高跷等；除夕夜全家老少一起吃年夜饭，一起守岁，一起畅谈。如今生活方式发生了变化，除了上述习俗外，还有大年三十那天晚上，很多家庭会围坐在一起看央视的"春晚"节目。

每年农历八月十五为中秋节，又称"团圆节"。农历八月十五居秋季之中，故名"中秋"。中秋节，其起源可追溯至古代帝王在秋季举行的祭月仪式，后来逐渐形成赏月的民间风俗。直至唐代，中秋节正式确立为全国性节日。据传这还与"唐明皇梦游月宫"的故事有关。在古代，每逢中秋，人们就用精制的糕饼祭奉月神。现在，月明中天的中秋之夜，一家人围坐在一起吃着月饼，品着香茗，饮着美酒，倾诉着团圆的喜悦，怀恋着远方的亲人……中秋月圆人应圆，即便身处异乡、漂泊不定，人们亦会在中秋佳节之际，深切表达对亲人的无尽思念，所以自古就有"千里共婵娟"的佳话。

关于饮食习俗，我们有必要进行优化调整。节日不应仅仅局限于吃喝豪饮的层面，而应更加注重其深层次的文化内涵和精神价值。节日的真正意义在于增进亲情、满足人们的情感需求，并将文化的丰富底蕴和内涵充分发挥出来，以促进文化的传承与发展。

通过庆祝节日，我们能够深切感受到我国传统文化的独特魅力。在这一过程中，我们不仅能够领略到中华文化的博大精深，更能够激发出浓厚的爱国情感，进而增强我们的民族自信心、自豪感和责任感。我们应当充分认识到传统文化的文化价值与深远意义，并积极主动地承担起传承与建设的重要使命，为推动中华文化的繁荣发展贡献自己的力量。

项目六　学前儿童疾病预防教育

◇**学习目标**

素质目标：养成良好的生活、卫生习惯；自觉加强锻炼，提高身体素质，增强疾病的抵抗能力。

知识目标：了解疾病的概念、种类及其对学前儿童的影响；了解学前儿童常见疾病和传染病的病因及症状，初步掌握疾病预防策略；理解学前儿童疾病预防教育的内涵和基本内容；掌握学前儿童疾病预防教育的基本途径。

能力目标：能根据学前儿童身心发展特点，设计和实施学前儿童疾病预防教育活动。

◇**情境导入**

在冬季某日的户外活动中，壮壮在返回班级后向李老师反映，其鼻子感觉通气不畅，喉咙部位亦感不适，且全身乏力。李老师随即以手摸了摸壮壮额头，并未察觉异常热度，遂建议壮壮增加饮水量，并安排其坐在小椅上休憩片刻。午休期间，李老师始终密切关注壮壮的身体状况；待其起床后，李老师发现壮壮精神不振，面部泛红，并伴有清鼻涕流出。

问题1：根据症状判断，壮壮怎么啦？

问题2：如何处理该问题呢？怎样对壮壮进行护理？

问题3：李老师在跟壮壮妈妈沟通时，可以提供哪些护理建议？

任务一 认知学前儿童疾病预防教育

一 疾病概述

健康是所有人的共同追求,而疾病与健康是对立统一的关系,它们既共存于同一机体中,也会进行相互转化。最初,人们对于健康的认识是没有疾病,而这里的疾病指的是生理方面的疾病。随着时代的发展,人们对于疾病的认识也发生了深刻变化。疾病,不仅仅是生理方面的,也包括在心理或者社会适应等方面的,出现与正常状态的偏差。那么究竟如何界定疾病内涵呢?

(一)什么是疾病

疾病与健康同样都是机体表现出来的一种状态,而"疾病是指由于某些原因使得人体正常形态与功能发生偏离的一种状态"[①]。导致疾病的原因被称为病因或者致病因素。所有的疾病都是有病因的,病因会对机体自身的调节功能造成损害,从而引起代谢、功能、结构等的变化,导致机体异常的生命活动,具体表现为一定的症状、体征或者行为的异常。

但是并非所有的疾病都能找到明确的病因,一方面可能是因为在目前的医学水平下难以发现,另一方面可能是因为引发某疾病症状或者行为的致病原因本身比较复杂,或并非某致病原因直接导致疾病的产生,在判断过程中易形成干扰。

(二)疾病的种类

疾病的分类,在国内外以及中西医领域,乃至不同地域间,呈现出多样化的分类标准。

拓展资源
"常见疾病的种类"
扫码了解常见疾病的种类。

(三)疾病对学前儿童的影响

学前儿童因其生理特点与成人相比存在显著差异,导致其对疾病的抵抗力相对较弱,从而感染疾病的概率会相对较高。

1.积极影响

(1)疾病能让学前儿童认识到健康的重要性。

在学前儿童感染疾病的过程中,各种身体不适、生活不便等,会让儿童充分感受到健康的重要

---

① 林宏,全国高等教育自学考试指导委员会.学前儿童保育学[M].北京:高等教育出版社,2014.

性，在疾病康复之后，他们会愿意付出努力，让自己更加健康。

（2）疾病能丰富学前儿童关于疾病、疾病预防及保健的基本知识。

经历疾病的过程，学前儿童会逐渐了解到自己生病的原因，了解到如何做才能有助于自身康复，以及以后要如何做才能避免再次生病等。这些认知内容在亲身感受后印象会非常深刻。

（3）疾病能促进学前儿童养成健康行为习惯。

学前儿童在疾病病程发展过程中，能认识到健康行为习惯对于健康的重要性，愿意主动养成生活和卫生的好习惯。

2.消极影响

（1）疾病影响学前儿童的身体健康。

疾病，无论其严重程度如何，均会对儿童的身体产生不可忽视的影响。我们常见的普通感冒、皮外伤等，本身对呼吸系统、皮肤等会有损害。如果疾病严重，一方面疾病本身对儿童身体的伤害程度加重，例如咳嗽会影响心肺功能，影响睡眠和生长发育；另一方面，在疾病治疗过程中，部分药物也可能会对儿童的身体造成损伤，如部分咳嗽用药带有寒凉性质，影响儿童的脾胃功能健康。此外，因为疾病，学前儿童会在病程期间减少体育锻炼和户外活动，影响身体健康发展。

（2）疾病影响学前儿童的心理健康。

不同的疾病会有不同的病因、症状和病程，对学前儿童的影响程度会有不同。一般情况下病程较长、症状典型以及对日常生活影响较大的疾病，可能会对学前儿童的心理健康产生负面的影响。例如，体弱儿、肥胖儿等可能会因为自己身体素质差，产生对自己各方面能力的质疑，从而出现自我认知偏差，在日常生活中出现自卑、退缩等情况。一些病程较长的疾病，会让学前儿童感觉到焦虑，影响其正常的学习和生活。

（3）疾病影响学前儿童的社会适应。

学前儿童的社会适应是在社会交往和集体生活的过程中发展的，感染疾病可能会减少学前儿童参与集体生活和与同伴交往的时间，影响其社会适应能力发展。

二 疾病预防概述

（一）疾病预防的重要性

疾病是所有人需要共同面对的问题，有效预防疾病可以将疾病对人的伤害降到最低，所以是保障人类健康最重要的手段和措施，"预防为主"一直是我国卫生与健康方面的重要对策。

2019年发布的《国务院关于实施健康中国行动的意见》中指出"实施疾病预防和健康促进的中长期行动，健全全社会落实预防为主的制度体系，持之以恒加以推进，努力使群众不生病、少生病，提高生活质量"。为实现"从以治病为中心转变为以人民健康为中心"，以"建立健全健康教育体系，普及健康知识，引导群众建立正确健康观，加强早期干预，形成有利于健康的生活方式、生态环境和社会环境，延长健康寿命，为全方位全周期保障人民健康、建设健康中国奠定坚实基础"。[1]

政策文件链接
《国务院关于实施健康中国行动的意见》（节选）
扫描阅读《国务院关于实施健康中国行动的意见》（节选）了解我国实施健康中国行动，提高全民健康水平的举措。

拓展资源
"疾病预防的意义"
扫码了解疾病预防的意义。

（二）一般疾病预防的策略

疾病预防根据对象不同以及疾病类型的不同，会有不同的策略。例如，个体预防与群体预防、全人群预防与重点人群预防、传染病预防与慢性病预防等。一般疾病的预防采用三级预防。

第一级预防为初级预防，又称为病因预防。这个阶段主要是针对疾病的易感期，预防疾病的发生和促进健康。这个阶段预防的针对性比较广泛，可控制和减少环境中危害健康的因素，如环境污染的消除、卫生条件的改善等；可针对个体采取健康教育，加强体育锻炼，进行预防接种，加强营养膳食等；可通过健全制度规范等形式，保障落实预防疾病的举措。

第二级预防又称"三早"预防，"三早"即早发现、早诊断、早治疗（对传染病包括早隔离、早报告）。这个阶段是针对疾病的潜伏期采取措施，防止疾病发生或者阻断疾病进程，如慢性病可以采取采用普查、筛检、定期健康检查来发现早期的征兆或者症状。

对于传染病来说，通过"三早"预防，能及早发现和控制疾病传播。针对传染病发生和流行的基本环节：传染源、传播途径（空气、水、食物、虫媒等）、易感人群，提出传染病的预防措施，如控制传染源、切断传播途径、保护易感者。

第三级预防又称临床预防，主要是针对疾病发生之后采取的相关治疗和康复措施。[2]第三级预防主要是为了加速康复，避免已病的患者病情进一步发展，减少出现并发症、后遗症等情况。

在实践过程中，如果能做到三级并举，应该能取到更好的预防效果。

---

[1] 国务院关于实施健康中国行动的意见[EB/OL].[2024-02-05].https://www.gov.cn/gongbao/content/2019/content_5416157.htm.

[2] 斯琴格日乐,包晓华.浅析《蒙医甘露四部》对三级预防策略的认识[J].内蒙古民族大学学报（自然科学版）,2021（4）:362-364.

三 学前儿童疾病预防教育的含义

（一）疾病预防教育

《国务院关于实施健康中国行动的意见》不仅传达了"预防是最经济最有效的健康策略"的健康中国行动理念，并且传递了"每个人都是自己健康的第一责任人"，每个人都要对自己、对家庭、对社会负有健康责任。疾病预防，不仅是社会的预防，也是个人的预防，需要社会各界的共同参与和努力。

政策法规链接
《健康中国行动（2019—2030年）》（节选）
扫码阅读《健康中国行动（2019—2030年）》（节选），了解健康行动的内容。

疾病预防教育是有目的、有计划、有组织地开展健康教育活动，普及疾病和疾病预防的知识，养成健康的生活方式，提高个人的健康素养，实现疾病预防和健康促进，提高健康水平。

（二）学前儿童疾病预防教育的含义

由于学前儿童各个器官组织未发育完全，身体各部分结构与机能尚未成熟，神经系统对整个机体的调节控制能力不足，适应外界的能力以及抵抗疾病的能力都相对较弱，容易受到侵害而感染多种疾病，一旦造成损伤，严重者可能会影响他们的一生。因此，应对学前儿童开展疾病预防教育，让他们初步具备疾病的知识和预防技能，在力所能及的情况下进行自我防护，为自身安全和健康承担责任。

学前儿童疾病预防教育是依据学前儿童的年龄特点和身心发展水平，为促进学前儿童健康和疾病预防，有目的、有计划、有组织地开展的健康教育活动。对学前儿童来说，疾病预防教育让他们从小就意识到健康促进和疾病预防的重要性，提高疾病预防的意识和维护健康的基本能力，终身受益。

任务二　明确学前儿童疾病预防教育的目标和内容

一 学前儿童疾病预防教育的目标

学前儿童疾病预防教育的目标是使学前儿童初步了解与自己相关的疾病和疾病预防的知识与技能，形成关于健康和疾病的科学态度，养成良好的生活、卫生习惯，乐于参加体育运动，提高健康水平。

为了有效实现疾病预防教育目标，学前儿童疾病预防教育内容主要包括两个方面：一是关于疾病与疾病预防的知识和技能；二是良好的生活、行为习惯和科学的健康观念。

本教材主要介绍了疾病与疾病预防的知识和技能，为实施学前儿童疾病预防教育奠定基础。

二 学前儿童生病的基本表现

学前儿童由于年龄较小，免疫系统功能尚未发育完全，呼吸系统功能不健全且与外界直接相连，自我照顾和保护的能力较弱，身心适应能力较差，容易感染疾病。生病的具体表现有以下八点。

（一）情绪异常

一般情况下，学前儿童不论是安静型还是活泼型的，均是精神饱满的，易安抚的。如果生病，会出现一些情绪反常的表现，如烦躁不安或大吵大闹难安抚、哭声无力或者哭不出来、萎靡不振不爱动等。如果成人发现学前儿童在情绪上与平时差异较大，要及时给予关注，并检查其身体情况。

（二）面色异常

学前儿童在正常情况下，会面色红润、双眼有神；如果在生病状态下，可能会出现面色发红、苍白、发黄，双眼无神、发直、充血，双唇无色、干裂或者发深等情况，需要引起重视。

（三）饮食异常

学前儿童在身体舒适的情况下，饮食习惯、食欲和食量等都是有一定规律可循的。如果突然或者一段时间出现食量减少、食欲下降，或者一吃东西就哭闹，饮水量增加，或者食量没有减少，体重明显下降，以及出现恶心、呕吐、厌油荤、异食等情况，一定要及时引起关注。

（四）睡眠异常

学前儿童在健康状态下，会入睡较快，睡眠过程中比较安稳。如果突然出现嗜睡、不易入睡、夜惊、梦游、打鼾、叫醒困难等情况，需要引起重视。

（五）大小便异常

大小便是学前儿童健康状况的重要指标，在正常情况下，大便应该是成形软便，尿液颜色清亮或浅黄，且无泡沫及异味等。如果学前儿童出现不愿排便、便秘、腹泻、大便溏稀，或不愿小便、尿液颜色异常，以及尿中泡沫较多、有异味、量少、尿闭等情况，基本上可以判定学前儿童生病了。

（六）呼吸异常

学前儿童在身体健康状态下，由于呼吸系统处于发育阶段，呼吸会有节奏偏快、深浅不均匀等情况，但是有节奏的鼻腔呼吸，能满足身体活动的需要。如果在非运动状态下，学前儿出现呼吸变粗变急、频率增加或时快时慢，张嘴呼吸，常常深呼吸，口唇发紫，或者呼吸困难，有喘气的声音，有窒息的表现等，都需要引起重视。

（七）体温异常

体温异常是学前儿童生病的常见表现，也是幼儿园需要重点关注的学前儿童疾病预防问题。学前儿童正常体温为36℃～37.4℃，体温波动的幅度约为1℃，体温在37.5℃～38℃为低烧，体温在39℃以上为高烧。学前儿童体温异常可能是生理现象、环境因素或疾病因素导致的。因此，幼儿园教师和家长应密切关注学前儿童的体温变化，若症状持续不缓解或者加重，一定要及时就医。

（八）其他异常

如果学前儿童出现头疼、肚子痛、痉挛、晕厥等情况，需要引起重视，及时就医。

学前儿童生病的表现可能不是单一的，往往需多方面观察，相互印证。由于他们年龄小，在语言表达上可能出现词不达意或者不准确等情况，轻症状态下可能部分学前儿童还能正常玩耍、进餐和睡眠，所以需要比较全面地观察，结合幼儿园的晨午检和家园沟通，了解学前儿童的健康状况。

三、学前儿童常见病及预防

学前儿童常见病及预防主要从呼吸系统、消化系统、五官、皮肤、营养性疾病五个方面进行介绍。

（一）呼吸系统疾病及预防

呼吸系统疾病是学前儿童发病率较高的疾病。

1. 急性上呼吸道感染

上呼吸道感染是由病毒或者细菌引起的鼻、咽、喉部的炎症，根据感染的部位不同，可分为急性扁桃体炎、急性咽炎、急性鼻炎等。

病因：急性上呼吸道感染有70%～80%由病毒引起。包括鼻病毒、冠状病毒、腺病毒、流感和副流感病毒、呼吸道合胞病毒、埃可病毒、柯萨奇病毒等。另有20%～30%的上感由细菌引起。细菌感染可直接感染或继发于病毒感染之后，以溶血性链球菌为最常见，其次为流感嗜血杆菌、肺炎球菌、葡萄球菌等，偶或为革兰氏阴性细菌。

各种导致全身或呼吸道局部防御功能降低的原因，如受凉、淋雨、气候突变、过度疲劳等可使原已存在于上呼吸道的或从外界侵入的病毒或细菌迅速繁殖，从而诱发本病。老幼体弱，免疫功能低下或慢性呼吸道疾病的患者易感。

症状：症状有轻重不同，主要有鼻塞、流鼻涕、打喷嚏、咽部不适、发痒、咳嗽、食欲差。多数会出现发热、烦躁不安、头痛、乏力等症状。严重的可能出现呕吐、腹泻、憋喘、咳嗽严重等症状，有的甚至还会因高热引起惊厥。上呼吸道感染可能引发急性化脓性中耳炎、气管炎和支气管炎等。

护理：保证患儿充足的睡眠，多喝水，适量补充维生素C；发热时可进行物理或药物降温；及时帮患儿清除口鼻分泌物，保持呼吸道通畅，嘱咐勤漱口，保持口腔卫生；同时做好环境卫生，定时开窗通风，保证室内温度、湿度适宜；患儿饮食应该有营养，易消化；如果服用药物，要遵医嘱进食。

预防：加强运动锻炼以提高机体免疫力；根据季节气温变化，及时增减衣物；保持良好的卫生习惯，勤洗手、正确擤鼻涕，不挖鼻孔；对患儿进行有效的隔离，人员密集场所要戴口罩，避免交叉感染；必要时，可以服用药物或及时接种流感疫苗等。

2.急性支气管炎

支气管属于下呼吸道，急性支气管炎是由各种病原体侵犯支气管黏膜出现的急性炎症，是学前儿童发病较高的疾病。

拓展资源
"急性支气管炎的病因、症状、护理和预防"
扫码了解急性支气管炎的病因、症状、护理和预防。

3.肺炎

肺炎是学前儿童常见的一种疾病。常见的肺炎有支气管肺炎、支原体肺炎、支气管哮喘。

（1）支气管肺炎。

支气管肺炎是学前期最常见的一种肺炎，是侵犯到支气管壁和肺泡的炎症，一年四季都可能发病，以寒冷季节、气候骤变时多见，室内居住环境拥挤、通风不良、空气浑浊等是常见诱发因素。营养不良者、维生素D缺乏性佝偻病患者、先天性心脏病者易患此病。

病因：常见于因细菌和病毒引起的病原体感染，也可能是二者引起的混合感染所导致的肺部炎症。

症状：学前儿童支气管肺炎大多数起病较急，因初期像感冒的症状，很容易被当作普通感冒来处理，耽误治疗，给身体造成严重后果。患儿体温升高、呼吸增快、咳嗽较频繁，最初为刺激性干咳，高峰期咳嗽减轻，恢复期咳嗽有痰。呼吸短促多在发热、咳嗽后出现，肺部出现湿啰音。患儿会出现食欲不佳、没有精神，烦躁不安，有的还会出现轻度腹泻和呕吐的症状。

护理：注意保持房间内空气流通，定时通风，室内的温度和湿度适宜；由于患儿退热时会大量出汗，所以要注意多饮水，更换衣物，适当补充电解质；及时清理干净口、鼻分泌物，经常变换患儿的体位以促进患儿炎症消散。同时保证患儿充足的营养，食用营养丰富、易于消化的食物，补充维生素C及复合维生素B。如有需要可以进行氧疗或遵循医嘱进行抗感染治疗。

预防：鼓励适当进行体育锻炼，增强体质；注意气候变化，及时增减衣服；勤洗手，引导注意打喷嚏的方法；及时接种疫苗，了解身体发育情况，及时体检。

（2）支原体肺炎。

支原体肺炎同支气管肺炎一样，是常见的一种肺炎。

拓展资源
"支原体肺炎的病因、症状、护理和预防"
扫码了解支原体肺炎的病因、症状、护理和预防。

（3）支气管哮喘。

拓展资源
"支气管哮喘的病因、症状、护理和预防"
扫码了解支气管哮喘的病因、症状、护理和预防。

拓展资源
"如何防治秋冬呼吸道疾病？"
扫码阅读"如何防治秋冬呼吸道疾病？"，看国家卫生健康委组织专家解答热点问题。

（二）消化系统疾病及预防

消化系统主要进行食物的消化和吸收，为机体提供所需的物质和能量。学前儿童消化系统尚未发育完善，因此易出现消化性疾病，影响他们对营养的摄取、消化、吸收。

1. 口腔炎

口腔炎也称为口炎，是由各种病原体感染引起的口腔黏膜炎症，也常被称为口腔溃疡。口腔炎主要分为感染性、过敏性以及溃疡性口腔炎三种。

病因：可因各种病毒、真菌感染，也可由遗传因素、环境因素或者营养不良，如缺乏维生素B、维生素C或慢性疾病导致。

症状：不同的口炎症状是有区别的。如带有传染性的疱疹性口炎一般会出现急性发热，温度可达38℃～40℃，患儿口腔颊黏膜、齿龈、舌、唇等部位出现疱疹，如果破溃会形成黄白色溃疡。溃疡性口炎以口腔黏膜溃疡损伤为主要症状，可累及其他部位。年龄较小的患儿因身体不适应，会出现哭闹不止、流涎、拒食等症状。

护理：要密切关注患儿体温，持续升温要进行物理或者药物降温，以防高温惊厥；症状伴有溃疡，会有疼痛和进食困难，需要安抚情绪，饮食清淡易吞咽；注意保持口腔卫生以及皮肤干燥，多饮水、漱口，及时清除溃疡面；对患儿的毛巾、水杯等个人物品每日使用煮沸法消毒。如果是传染性疱疹性口炎，需在家休养，隔离传染源，待症状消失。

预防：做好手部卫生，饭前便后、外出回家后要正确用"七步洗手法"洗手；鼓励多喝水，保持口腔湿润、清洁；培养饭后漱口、刷牙的好习惯，避免吃手、咬指甲的不良习惯；注意饮食均衡营养，提高身体免疫力；加强环境清洁、通风，避免停留在人多或者空气质量差的地方。

2.腹泻

腹泻是由各种因素导致的，特点是大便次数增多及大便性状改变，严重者可致水、电解质和酸碱平衡紊乱。小儿腹泻是营养不良、生长发育障碍甚至死亡的主要原因之一。

病因：小儿腹泻主要由轮状病毒引起。非感染因素包括饮食方式的突然改变、食物过敏或者受寒等，如：突然进食过量或过少可引发消化功能紊乱；对食物如牛奶、豆浆等过敏；服用某些药物可能会有副作用；气温变化、腹部着凉。

症状：不同病因导致的腹泻，症状会有所不同。根据腹泻持续的时间，可分为急性腹泻、迁延性腹泻和慢性腹泻。

急性腹泻一般持续2周以内。轻型腹泻症状较轻，一般表现为缺乏食欲、呕吐、大便次数增多且稀薄带水，量少呈黄色、黄绿色，数日内可痊愈。重型腹泻起病急、症状重，一般有较重的肠道症状，常伴有发热、烦躁、面色苍白，会出现水、电解质及酸碱平衡紊乱。

迁延性腹泻一般持续2周至2个月，2个月以上的为慢性腹泻，均表现出腹泻不愈，病情反复，大便次数和性状不稳。长期腹泻易致营养不良，免疫力低下，严重者可致死。

护理：密切关注，遵医嘱，按时服用药物；腹泻会导致肛周及臀部皮肤红肿破损，便后及时清洗干净并擦干；合理饮食，营养丰富，新鲜卫生，易消化，病程中可少食多餐；避免进食过敏食物，长期不愈需检查过敏原；多关心呵护，缓解学前儿童的紧张情绪。

预防：免疫接种是预防轮状病毒肠炎的措施之一；日常饮食卫生与营养均衡；日常引导养成良好卫生习惯和作息习惯，尤其是饭前、便后洗手；服用其他药物时要注意副作用，消化功能弱的幼儿避免服用刺激性药物；加强体育锻炼，多饮水、多吃水果和蔬菜，提高抗病能力。

（三）五官疾病及预防

眼、耳、口、鼻、眉这些五官构成了人的外貌。学前儿童五官皮肤黏膜稚嫩，功能发育不完全，易感染疾病或者发生损伤等。过敏性鼻炎、龋齿、急性中耳炎、近视等都是学前儿童常见的五官疾病。

案例导入

天气突然降温了，妈妈给轩轩穿上了厚衣服，起床不久轩轩就开始打喷嚏、鼻子痒、流清鼻涕。妈妈想：早上起床还是好好的，怎么这么快就"感冒"了呢？

思考：你觉得轩轩得了什么病？生病的原因是什么？

1. 过敏性鼻炎

过敏性鼻炎是常见的鼻腔炎症，包括常年性过敏性鼻炎和季节性过敏性鼻炎，是发生在鼻黏膜接触过敏原后的变态反应性疾病。

拓展资源
"过敏性鼻炎的病因、症状、护理和预防"
扫码了解过敏性鼻炎的病因、症状、护理和预防。

2. 龋齿

龋齿也称蛀牙、虫牙，是牙齿的硬组织被破坏的细菌感染性疾病，为口腔常见病，也是学前儿童多发病。患儿会因为牙痛或牙齿缺失影响食欲和咀嚼，进而影响消化、吸收和生长发育。

拓展资源
"龋齿的病因、症状、护理和预防"
扫码了解龋齿的病因、症状、护理和预防。

3. 急性中耳炎

耳分外耳、中耳和内耳，中耳包括鼓室、鼓膜、咽鼓管和听小骨。急性中耳炎就是发生在中耳黏膜的急性炎症，冬春季节发病率高，易复发。

病因：主要是细菌感染，如肺炎链球菌、葡萄球菌。细菌可经外耳道鼓膜感染，如洗澡或游泳时耳朵进水、不正确的擤鼻涕方式等引发鼓膜外伤；也可因急性上呼吸道感染，细菌经咽鼓管进入中耳引发。

症状：发病前常有上呼吸道感染病史或者鼓膜外伤，出现耳痛、发热、流脓；化脓时听力会下降，当脓液突破鼓膜时，可见脓液从外耳道流出；全身症状较重，会有发热、疲倦、食欲减退等症状。

护理：遵医嘱使用消炎性药物滴耳，尽量彻底治愈；及时做好外耳道清洁；使用正确的擤鼻涕方法，防止进一步损伤，影响痊愈；食物易咀嚼，避免用力咀嚼加剧疼痛，避免刺激性食物；流脓的患儿睡觉时感染耳朵朝下，有利于排脓。

预防：积极锻炼，增强体质，预防感冒可以有效预防急性中耳炎；引导幼儿掌握正确擤鼻涕的方法，避免因损伤致病；洗澡、游泳时注意佩戴好耳塞等护具，防止污水进入耳道，如耳朵进水，要及时清理干净；耳朵有不适症状时，要及时就医。

4. 近视

学前儿童眼部常会有近视、远视、斜视、散光、弱视等问题。近年来，随着电子产品的普及，近视比例逐年上升，且低龄化趋势日趋严重。近视是屈光不正的一种，眼睛在放松状态下，平行光线进入眼内，聚焦位置在视网膜之前，这导致视网膜上不能形成清晰物像，视物不清。

病因：导致近视的原因有遗传、营养、环境因素等。一般父母双方或一方近视，子女近视的可能性就较大，高度近视遗传性更高；如果长时间近距离用眼、长时间使用电子产品、户外运动少，导致缺乏眼部晶状体调节；环境照明、阅读材料不适宜会导致眼部疲劳；用眼卫生状况、姿势不良等都可能导致近视；营养缺乏也是重要的致病因素。

症状：视远物模糊是近视的典型症状，根据近视情况，可出现重影、怕光、眼干等症状。因视物不清，儿童会表现出眯眼看远处、眼疲劳发红流泪，严重的还会有视物变形、眼睛外斜视的情况。

护理：定期检查视力，遵医嘱及时佩戴眼镜控制近视发展进程，并监督佩戴情况，确保眼镜佩戴适宜、舒适；限制使用手机等电子设备的时间，多户外活动，多视觉锻炼，促进视力发育；正确做眼保健操，保证充足睡眠，以缓解疲劳。

预防：非遗传性近视是可防、可控的，遗传性近视也可控制发展进程，因此要定期为学前儿童检查视力，尽早发现异常，及时干预；加强户外活动尤其是体育锻炼，帮助恢复晶状体调节能力；养成良好的卫生习惯和用眼习惯：采用正确的坐姿，正确做眼保健操，保证睡眠充足，不要随意佩戴他人眼镜，避免强光或者刺激性味道对眼睛构成刺激性伤害等。

拓展资源
《儿童青少年近视防控适宜技术指南（更新版）》
扫码阅读国家卫生健康委《儿童青少年近视防控适宜技术指南（更新版）》及解读，了解新形势下儿童青少年近视防控的新知识、新技术和新要求。

拓展资源
《0~6岁儿童眼保健核心知识问答》
扫码阅读国家卫生健康委办公厅《0~6岁儿童眼保健核心知识问答》，科学防治儿童眼病和视力不良。

（四）皮肤疾病及预防

皮肤是人体最大的器官，它覆盖在身体的最外层，具备保护身体、调节体温、分泌汗液等功能。幼儿皮肤薄，皮下血管丰富，容易受到伤害。

案例导入

朵朵是一名4岁的女孩，放假和爸爸妈妈回到了奶奶家，奶奶家住平房，冬天比较冷，所以朵朵在奶奶家一直没有洗澡。晚上睡觉时，妈妈发现朵朵不停地用手挠前臂和胸前，心情很烦躁。妈妈脱下朵朵的衣服发现她的皮肤上有大片的红色斑疹，因为朵朵不停地抓挠，有的地方已经破溃了。

思考：朵朵的皮肤出现了什么问题，朵朵的妈妈应该如何处理？

1. 湿疹

湿疹是多种内外因素引起的炎症性、瘙痒性皮肤病，易复发。

病因：学前儿童湿疹的原因很多，常与过敏体质、皮肤屏障功能障碍有关。如进食牛奶、蛋、鱼虾等，空气过干或过湿、衣服或者饰品过敏也可能导致湿疹。

症状：症状较轻时，患儿的前额、面颊、头皮会出现红斑、丘疹；症状严重时，面部、颈部、前胸后背出现红斑、丘疹。起初是小红斑点，然后形成疱疹和水泡，抓挠破损时有黄色液体渗出，重者会出现溃烂、流黄水、结痂的情况。

护理：注意观察皮肤情况，遵医嘱，对症治疗护理；避免接触过敏原，有过敏性疾病或者慢性病应尽快治疗；保持患处的清洁、滋润，可在温水中沐浴，用润肤露缓解不适；湿疹常因瘙痒而烦躁，要安抚情绪；可遵医嘱补充维生素B和维生素C，避免食用刺激性食物，多吃蔬菜、水果等富含维生素的食物。

预防：养成良好的清洁卫生习惯，勤洗澡换衣，条件允许情况下可进行"三浴"（空气浴、日光浴、水浴）锻炼，增强皮肤抵抗力；干燥季节洗脸、洗澡之后可适量使用润肤露，避免皮肤干燥；做好环境卫生，切断环境与食物中的过敏原；流汗之后要及时擦干，及时更换衣物，避免细菌滋生。

2. 痱子

痱子是夏季常见的皮肤病，表现为白色或红色的小丘疹，常因瘙痒刺痛不适引起抓挠而导致感染，如果没有及时护理，可能会导致皮囊发炎，引起疼痛或发热。

病因：学前儿童自身汗液排泄及体温调节能力偏弱，高温闷热的环境下出汗过多，排汗不畅，汗孔闭塞而致病，多发于易出汗的部位。

症状：白痱多见于新生儿，学前儿童突然大汗或暴汗之后也有可能发生。多发于躯干、皮肤褶皱等部位，一般是针尖大小的浅表水泡，无痒感及灼热感。红痱较白痱更多见，常见于前额、颈部、腋窝、后背、腰部等区域，表现为密集的丘疹、丘疱疹，天气转凉能消退，有痒感。

护理：检查学前儿童痱子情况，及时增减衣物，家里通风、保持凉爽；多注意清洁，可使用痱子粉缓解症状；因为有痒感，要提醒儿童不要抓挠；如果发热，及时就医；饮食可清淡，必要的时候咨询医生，食用清热降火的食材。

预防：夏季要避免出汗过多，流汗之后要及时清洁，更换衣服保持干燥清爽；减少烈日下的活动，避免大量出汗；注意室内经常开窗通风，保持空气清新；洗澡时可加花露水清凉解表，浴后可涂痱子粉、清凉油或有薄荷成分的粉剂，避免局部刺激；夏季饮食宜清爽清淡且富有营养。

3. 荨麻疹

拓展资源
"荨麻疹的病因、症状、护理和预防"
扫码了解荨麻疹的病因、症状、护理和预防。

（五）营养性疾病及预防

食物中所包含的能够维持生命和健康并促进生长发育的各类营养素。学前儿童生长发育迅速，充足的营养摄入更为必要，若营养供应失衡不仅会影响生长发育，也有可能为日后的健康埋下隐患。

> **案例导入**
>
> 赫赫是一名5岁的男孩，平时非常喜欢吃零食，体重已经到达了60斤，在幼儿园组织的大体检中，赫赫被查出来得了脂肪肝。爸爸疑惑赫赫这么小怎么会得脂肪肝呢？于是赶紧去医院检查，医生说赫赫要减肥了。
>
> 思考：随着生活水平的提高，现在肥胖的孩子越来越多，你知道怎样才能控制学前儿童的肥胖吗？

1.肥胖症

肥胖症是一种营养障碍性疾病，分为单纯性肥胖和继发性肥胖，学前阶段大多数肥胖都属于单纯性肥胖。

病因：单纯性肥胖是摄入能量过剩引起的，不是因内分泌和代谢障碍而引起的。比如，摄入过多的高脂、高糖、高蛋白及能量密度高的食物导致营养过剩；缺乏运动锻炼，体力消耗小，能量过剩；饮食习惯、家族肥胖、精神创伤等也可致肥胖。

症状：单纯性肥胖症一般食欲旺盛，喜高糖、高脂食物，不愿活动，皮下脂肪丰厚且分布均匀，面、腹、肩及乳房脂肪堆积明显；血总脂、胆固醇、甘油三酯值均增高；严重肥胖者还可能出现呼吸困难、提前发育等情况。

护理：单纯性肥胖症为摄入能量过剩，因此在治疗过程中要调整、控制饮食，养成科学的饮食习惯；根据具体情况通过劳动、运动等逐渐增加热量消耗；规律作息，定点、定时进餐及餐后散步，能早睡，保证睡眠充足。

预防：处于生长发育迅速阶段的学前儿童，预防肥胖比治疗肥胖更重要。合理膳食，养成良好的饮食习惯，不偏食、不挑食，多吃蔬菜和谷物，定点、定时进餐，减少零食摄入；鼓励多运动，增加热量消耗；规律作息，餐后尤其午餐后引导学前儿童散步，避免直接午睡引起消化不良。

微课视频
《国家卫生健康委在线访谈"肥胖防控，从娃娃抓起"》
扫码观看视频《国家卫生健康委在线访谈"肥胖防控，从娃娃抓起"》，为肥胖儿支招。

2.缺铁性贫血

缺铁性贫血是体内铁缺乏致血红蛋白合成减少而引发的疾病，是我国重点防治的儿童常见病。

病因：铁摄入量不足为缺铁性贫血的主要原因。学前儿童生长快，体重增加，对铁的需求变大，同时，因偏食或食物中铁含量不足、食物搭配不均衡会影响铁的吸收，患有肠道慢性病使营养流失或吸收不足以及先天性储铁不足等，都是缺铁性贫血的病因。

症状：缺铁性贫血儿童皮肤、唇、口腔黏膜苍白；指甲的颜色变淡；易疲劳、怠懒，严重的有头晕、眼前发黑、食欲减退、恶心、呕吐的症状。

护理：口服铁剂是治疗缺铁性贫血的方法之一；缺铁性贫血是由摄入不足导致的，因此要纠正偏食、挑食的习惯，多吃富含铁、维生素C以及益气补血的食物，合理喂养。

预防：合理搭配饮食，营养丰富，养成良好饮食习惯；日常科学添加铁含量丰富的食物、含有维生素C的水果和蔬菜以及专门益气补血的食物；加强运动，增加食欲，促进吸收。

四 学前儿童常见传染性疾病及预防

幼儿园是学前儿童集体学习的场所，尽管目前幼儿园对于传染病有较好的防控措施，但幼儿园仍然是传染病重点预防的场所，切实贯彻"三早"原则，能有效控制和避免传播，因此，我们需要了解常见传染病的常识。对于常见的传染病，除了前面介绍的之外，这里重点介绍流行性感冒、流行性腮腺炎、水痘、麻疹、手足口病以及结膜炎。

1.流行性感冒

流行性感冒也称流感，是由流感病毒引起的一种急性呼吸道传染病，传染性强，传播速度快，发病率高，容易引起暴发流行或大流行。

病因：由感染流行性感冒病毒引起，且流感病毒主要通过含有病毒的飞沫、人与人之间的接触或与被污染物品的接触进行传播，人群普遍易感。流感病毒根据核蛋白和基质蛋白分为甲、乙、丙、丁四型流感。

症状：流感潜伏期一般为1~7天，发病期多为2~4天。一般起病急，伴有高热（39℃~40℃）、畏寒或寒战、头痛、身痛、食欲减退、全身不适等，呼吸道症状轻微。少数患者表现出鼻塞、流涕和打喷嚏等，常伴有咳嗽、咽干、咽痛等症状。部分因出现肺炎等并发症可发展至重症流感，感染乙型流感的儿童可出现呕吐、腹痛、腹泻等症状。发热多于1~2天内达高峰，3~4天内退热，退热后呼吸道症状较明显并持续3~4天后消失，但乏力症状可持续1~2周。

护理：患儿隔离，充分休息，合理营养；睡眠充足，不熬夜，增强抵抗力；高热时多补充水分，适当进食新鲜蔬果，补充维生素C等；菜肴要清淡，易消化且适量；护理需要对症，遵医嘱；防高热惊厥，密切观察病情，及时退热，如果病情发生变化要及时就医，防止并发症；病情稳定之后持续密切观察和科学护理防止继发感染；注意室内通风，保持室内空气新鲜等，注意患儿的情绪状态，保持心情愉悦，有助于恢复；护理人员勤洗手，戴口罩等，避免交叉感染。

预防：家庭或幼儿园发现流感患者时，应进行空气消毒，食具煮沸消毒，玩具消毒等；流感高发期避免去人群聚集的公共场所；增强非特异抵抗力，让幼儿经常进行户外活动，增强呼吸道适应外界气候变化的能力，常吃含钙和维生素A丰富的食物；预防接种。

政策法规链接
《全国流行性感冒防控工作方案（2020年版）》
扫码阅读《全国流行性感冒防控工作方案（2020年版）》，了解我国对流感防控的工作要求。

政策法规链接
《流行性感冒诊疗方案（2020年版）》
扫码阅读国家卫生健康委《流行性感冒诊疗方案（2020年版）》，了解关于流行性感冒诊疗的基本常识。

2.流行性腮腺炎

拓展资源
"流行性腮腺炎的病因、症状、护理和预防"
扫码了解流行性腮腺炎的病因、症状、护理和预防。

3.水痘

水痘是由水痘-带状疱疹病毒引起的急性传染性疾病。冬、春两季高发，水痘为原发感染、自限性疾病。

病因：水痘-带状疱疹病毒是病原体，水痘患者是唯一的传染源，病毒存在于上呼吸道分泌物和疱疹液内。可经飞沫和接触传播，从发病日到皮疹全部干燥结痂前都具有传染性。

症状：水痘的潜伏期为1~3周，以发热和周身性红色斑疹、丘疹、疱疹、结痂疹为特征。发病初期有低热、厌食、头痛等上呼吸道感染的轻微症状。1~2天后自躯干、面部和头皮出现皮疹，皮疹还可出现在口腔、眼结膜、生殖器等处。最初为有痒感的红色斑疹和丘疹，然后是卵圆形、露珠状充满透明液体的疱疹。1~2天后，透明液体变浑浊，破溃后迅速结痂。轻型水痘多为自限性疾病，10天左右痊愈。严重水痘患者可能会全身出现症状，并发脑炎，引起脑水肿、充血和点状出血。

护理：对症处理，遵医嘱，皮肤瘙痒可使用止痒剂；确诊之后应该立即隔离，避免年龄较小的幼儿与其接触，导致病毒扩散；保持室内空气新鲜、通风，使用喷雾法消毒；身体不适时应卧床休息，多喝水；食用易消化食物，补充维生素等。

预防：水痘传染期要注意消毒，加强晨午检；水痘可以通过接种疫苗来预防；避免去人群聚集的公共场所。

4.麻疹

拓展资源
"麻疹的病因、症状、护理和预防"
扫码了解麻疹的病因、症状、护理和预防。

5.手足口病

拓展资源
"手足口病的病因、症状、护理和预防"
扫码了解手足口病的病因、症状、护理和预防。

6.结膜炎

结膜炎是结膜的炎症反应，学前儿童常见细菌性结膜炎（红眼病）和衣原体结膜炎（常见为沙眼），以上两种均具有传染性。

病因：学前儿童结膜炎多数是病毒和细菌感染，急性细菌性结膜炎多是肺炎双球菌感染。结膜炎的病原体主要为细菌和衣原体。此外还有因睡眠不足、环境污染及卫生习惯不良引起的。前者一般可接触传播，接触了患儿的眼分泌物或与患者握手、用脏手揉眼睛等会将病原体带入眼中。

症状：急性细菌性结膜炎潜伏期为2天左右，既有单侧发病，蔓延至另一侧，也有双眼同时发病。表现的症状有眼部不适、异物感、刺痛、怕光，随后结膜明显充血或者结膜下出血、分泌黏液增多，起床后上下睫毛被分泌物黏住，造成眼睛无法睁开等。

衣原体结膜炎潜伏期为5～12天，急性期表现的症状为畏光、眼疼眼痒、眼睑红肿、眼部分泌物增多。

护理：细菌性结膜炎（红眼病）和衣原体结膜炎（常见为沙眼）均具有传染性，对患儿须采取一定的隔离措施，做好日常清洁，和患儿接触的用品要进行消毒；对于眼部分泌物增多的患儿，需要用温清水、生理盐水冲洗眼睛，不用纱布包扎眼睛；按照医嘱正确用药和冷敷；若出现畏光、流泪等情况，患儿在出门时可以佩戴墨镜，减少对眼部的刺激；注意规律作息，避免眼部疲劳；其他过敏性结膜炎，要切断过敏原。

预防：因多数结膜炎具有传染性，可经过接触传播，所以要养成良好的生活和卫生习惯，养成良好的用眼习惯，勤洗手、洗脸，不用脏手揉眼睛等；日常个人用品，包括毛巾、水杯、衣物等要与他人分开，并定期消毒；注意规律作息，避免眼部疲劳。

任务三　掌握学前儿童疾病预防教育的实施途径与活动设计

案例导入

可可是一名4岁的男孩，每次吃饭前都需要大人的提示才会去洗手，水果、零食也是拿起来直接吃。有一次可可直接把袋子里的草莓拿出来，大口大口吃起来。当天晚上，可可就发热、恶心、呕吐不止，并开始腹泻。患病以来，可可一直食欲不佳、精神萎靡。

思考：可可生病是由什么引起的？可以预防吗？

学前儿童是具有自主性的独立个体。我们可以采用灵活的多种方式，对学前儿童开展疾病预防教育，让他们初步具备疾病预防的知识和方法，养成好习惯，促进身心健康发展。结合学前儿童的年龄特点、疾病及疾病预防的基本特点和要求，疾病预防教育主要有以下实施途径。

一、学前儿童疾病预防教育的实施途径

（一）专门的疾病预防教育活动

专门的疾病预防教育活动是明确以疾病预防作为教育内容和目标的活动。在幼儿园中，主要有以下三种教育活动。

1. 集体教育活动

以疾病预防为目的的集体教育活动是基于学前儿童疾病预防的知识、态度和技能等方面发展的实际情况而实施的，一般适宜于解决学前儿童发展的共性问题和需求。具有较强的科学性、季节性，目的性、计划性，针对性也比较凸显。

一是根据学前儿童流行病、常见病高发的时间段，有针对性地选择教学内容，解决这个时段的共性问题，便于幼儿更好地感知、理解和接受。比如春、冬两季是流行性感冒多发季节，可以选择"预防感冒"的内容。

活动案例
"感冒真难受"
请扫码阅读，集体教学活动案例分析"感冒真难受"。

二是根据本地区气候特点选择合适的教学内容，如北京秋、冬季节比较干燥，会出现皮肤问题，这时可以引导幼儿初步了解不同皮肤病的典型症状和护理要点，如湿疹、水痘、沙土皮炎、虫咬皮炎等。

活动案例
"我给水果宝宝来洗澡"
请扫码阅读，小班教学活动"我给水果宝宝来洗澡"。

2. 主题教育活动

幼儿园教育活动内容的组织应充分考虑幼儿的学习特点和认知规律，各领域的内容要有机联系，相互渗透，注重综合性、趣味性、活动性，寓教育于生活、游戏之中。学前儿童的发展具有整体性，要注重领域之间、目标之间的相互渗透和整合，可以以疾病预防为主题，与其他领域相互融通，更有效地帮助学前儿童理解疾病与生活的关系，了解疾病和疾病预防的知识，形成健康促进的观念，养成健康的行为习惯。

例如，在换季的时候，班级感冒幼儿增多，依据季节和疾病特点，基于学前儿童前期经验、兴

趣偏好、学习方式，确定以感冒为主题，通过问题引导、材料支持、资源丰富、环境暗示、同伴介入等多种方式，融入语言（故事《小猪感冒了》）、社会（同伴交流）、艺术（歌曲《健康歌》）等多领域，通过教学活动、生活活动、区域活动等多种活动方式，实现主题活动的综合目标。

活动案例
"哎呀，生病了"

请扫码阅读，中班主题活动"哎呀，生病了"的主要设计环节。

3. 社会实践教育活动

社会实践教育活动既可以与主题活动相结合，融入其过程中同步进行，也可以作为独立项目单独推进实施。主要是借助社会资源，让学前儿童在亲身体验和感受的过程中，获得与疾病预防相关的知识、情感态度和技能策略等。

可以带着学前儿童走进科技馆、走进博物馆、走进社区医院、走进福利机构等，去观察、感受和体验，丰富疾病预防的直接经验。比方说，体验到视力受损之后视物不便，意识到爱护眼睛的重要性；看到牙齿被蛀之后的标本，感受到不同物质对牙齿的伤害，愿意好好保护牙齿；通过模拟情境，发现如果好好锻炼身体，是可以打败病毒的；等等。科学、巧妙的社会实践活动设计，会给学前儿童留下深刻的印象。

当然，以上的活动都不是截然分开的，尤其是主题活动本身，在推进过程中，可以采用集体教学和社会实践活动的形式，在教育过程中，我们可以具体问题具体分析，采取适宜的方式，以实现疾病预防教育的目的。

（二）渗透性疾病预防教育活动

《纲要》中明确指出："幼儿园应为幼儿提供健康、丰富的生活和活动环境，满足他们多方面发展的需要，使他们在快乐的童年生活中获得有益于身心发展的经验。"生活和环境作为重要的教育资源，具有显性和隐性教育的双重价值。

1. 疾病预防教育可以渗透在一日生活中

在幼儿园餐点、饮水等环节中，可以介绍餐点的营养、足量饮水及对身体生长发育的作用；进餐的过程中，可以渗透进餐习惯的培养；在运动环节中，可以渗透不同运动项目对学前儿童健康发展的促进作用，以及如何安全有效地进行锻炼；在如厕、盥洗环节可以逐渐渗透良好的卫生习惯对于预防疾病、促进健康的价值，慢慢养成如厕和盥洗的好习惯；等等。

2. 疾病预防教育可以渗透在班级环创之中

创设学前儿童平衡膳食宝塔的互动环境，通过形象的图片，引导幼儿知道食物的营养种类，以及均衡饮食、合理搭配食物对身体的重要性。例如，冬、春两季来临之际，正是传染病高发期，班级创设"我会这样打喷嚏""我会擤鼻涕"等环节，让幼儿在亲身体验和感受的过程中，获得与疾病预防相关的知识与技能。

3. 疾病预防教育可以渗透到游戏情境之中

在中班健康教育活动"图图生病了"中，设置了"肚子疼门诊""牙科门诊""眼科门诊"三个角色区。幼儿通过扮演"小医生""小患者"等角色，了解到了不喝生水、不露小肚皮、不吃太多冰冷的食物，以及哪些食物对眼睛好、如何正确刷牙等生活经验，并且通过区域游戏将这些经验转化为良好的生活习惯。

4. 疾病预防教育可以渗透到教师言行之中

教师日常要注意自己的生活、卫生好习惯，这些都能潜移默化对学前儿童产生影响；教师可以在和小朋友交流的时候，说说自己经常开展的体育锻炼活动，喜欢吃的蔬菜水果有什么营养价值等。

（三）家园共育开展疾病预防教育

疾病的预防需要幼儿园和家庭的共同努力，做好家长的宣传教育工作非常重要，通过讲座、互动、发放疾病预防海报等，让家长了解常见疾病的发病原因及预防方法，做好疫苗接种等。

家长和幼儿园教师要在态度、要求、行为上达成共识。关注幼儿的饮食营养，合理膳食，加强锻炼，多参加户外活动，养成良好的行为习惯，提高学前儿童机体免疫力，减少疾病，促进幼儿健康成长。

拓展资源
"学前儿童疾病预防教育实施的注意事项"
扫码了解学前儿童疾病预防教育实施的注意事项。

政策法规链接
《国家卫生健康委关于贯彻2021—2030年中国妇女儿童发展纲要的实施方案》
扫码阅读《国家卫生健康委关于贯彻2021—2030年中国妇女儿童发展纲要的实施方案》，理解并落实国家"推进妇幼健康事业高质量发展，推动健康中国建设，提高妇女儿童健康水平"的目标和举措。

二 学前儿童疾病预防教育活动设计

（一）小班活动设计

小班健康教育活动 汪汪狗的红眼睛
北京市朝阳区劲松第一幼儿园 李东梅

1. 设计意图

《指南》在健康领域中指出，要培养幼儿良好的生活与卫生习惯，3~4岁幼儿要知道不用脏手揉眼睛，连续看电视不超过15分钟。小班幼儿已经初步了解眼睛的位置和作用，知道眼睛是身体当中不可缺少的一部分，但是由于缺少相应的生活经验，因此对于眼睛的保护意识和方法比较匮乏。例如，小班幼儿喜欢用双手触摸事物，如果不洗手就接触眼睛，细菌随时就通过脏手进入了眼睛，可能导致幼儿患上急性结膜炎。本活动以幼儿感兴趣的故事引入，引导幼儿进一步加深对眼睛的作用和重要性的认识，从而萌发护眼、爱眼的意识。知道用脏手揉眼睛的危害，初步了解用眼卫生知识和简单的护眼方法。

2.活动目标

(1) 知道用脏手揉眼睛容易引发结膜炎等眼部疾病。

(2) 了解眼睛不舒服时的简单护眼方法。

(3) 增强爱护、保护眼睛的意识。

3.活动准备

(1) 物质准备：故事《旺旺狗的红眼睛》音频课件、眼睛结构图、保护眼睛不生病的视频。

(2) 经验准备：幼儿知道眼睛是身体当中不可缺少的一部分，眼睛是用来看东西的。

4.活动过程

(1) 出示眼睛的图片，调动幼儿对眼睛的已有经验。

①教师提问眼睛的作用，幼儿自由表达自己的想法。

引导语：每个小朋友都长了一双非常漂亮的眼睛，眼睛有什么本领呢？

②教师总结眼睛的作用。

教师小结：原来我们的眼睛能看到有趣的玩具、可爱的老师和小朋友，能看到公园里漂亮的花花草草；如果小朋友开心了，眼睛还能表达出开心高兴的情绪，当我们伤心时，眼睛就会流下眼泪，也能表达出我们伤心的感受。哎呀！我们的眼睛太厉害啦，大家都要珍惜和保护我们的眼睛呀！

(2) 播放故事《旺旺狗的红眼睛》，引导幼儿了解正确的护眼方法。

①播放故事《旺旺狗的红眼睛》PPT。

引导语：旺旺狗也有一双漂亮的眼睛，可是它的眼睛遇到了一些麻烦，又疼又痒的，我们一起来听一听旺旺狗的眼睛怎么了？

②与幼儿共同聆听故事的前半部分，知道用脏手揉眼睛会让眼睛生病。

教师提问：旺旺狗的眼睛为什么变红了？

③教师根据幼儿的回答进行小结，知道用脏手揉眼睛是不好的用眼习惯。

教师小结：旺旺狗用脏脏的小手揉了眼睛，手上的细菌全都进到了眼睛里，让眼睛生病了，它的眼睛特别难受。小朋友们千万不能用脏手揉眼睛，防止眼睛变得通红，又疼又痒。

④与幼儿共同聆听故事的后半部分，了解保护眼睛的方法。

引导语：听听旺旺狗的眼睛变红了之后，又发生了哪些故事。

幼儿自由发言。

教师提问：旺旺狗的眼睛最后好了吗？妈妈是怎样帮助旺旺狗的？

教师小结：妈妈知道后，赶紧把旺旺狗带到了水龙头边上，边用清水冲洗边让它眨眼睛，然后又让旺旺狗闭上眼睛休息一会儿，旺旺狗的眼睛舒服多了。我们也要勤洗手，不用脏手揉眼睛。

(3) 观看预防红眼病科普视频，了解"红眼病"的预防办法。

引导语：除了不用脏手揉眼睛之外，我们怎样才能保护好自己的眼睛呢？

教师小结：养成良好的卫生习惯，饭前、便后、外出回家后要及时用洗手液或肥皂洗手。避免用手揉擦眼睛，还要勤剪指甲。

(4) 教师小结，活动结束。

项目六　学前儿童疾病预防教育

教师小结：眼睛能看到美丽的东西，但是眼睛也很脆弱，小朋友们要爱护我们的眼睛。不能用脏手揉眼睛，要勤洗手、注意用眼卫生，这样小眼睛才不会生病哦！

5.活动反思

通过《旺旺狗的红眼睛》的故事，教师就故事中的内容和幼儿进行互动，例如：为什么不能用脏手揉眼睛？眼睛生病了会怎样？怎样保护小眼睛？教师对于幼儿的回答给予肯定与鼓励，引导并丰富幼儿不用脏手揉眼睛等护眼的常识与方法。观看预防红眼病的科普视频，以生动形象的动画方式帮助幼儿了解"红眼病"的传播途径和预防办法，知道眼睛的重要性，树立爱眼、护眼的疾病预防意识。

附故事：

旺旺狗的红眼睛

旺旺狗长着一双明亮的大眼睛。一天下午，旺旺狗和小猪胖胖，小鸡美美、小羊拉拉一起玩捉迷藏。"石头、剪刀、布"，"我赢了"，旺旺狗开心地说，"我藏、我藏"。

就在这时，一阵大风吹来。旺旺狗赶紧闭上了眼睛，可还是觉得眼睛里进了小东西，它一着急，就用脏手揉起了眼睛。"哎呀，哎呀，我的眼睛又痒又疼"，它揉了一会儿，眼睛更疼得睁不开了。

小鸡美美和小羊拉拉跑了过来，"旺旺狗你怎么还没藏好呢！""哎呀！你的眼睛怎么红了！"旺旺狗吓得哭了起来，没想到，眼睛不仅越揉越疼，眼睛还通红。

妈妈听到旺旺狗的哭声，把旺旺狗带到了水龙头边上，边用清水冲洗边让它眨眼睛，然后又让旺旺狗闭上眼睛休息，不一会儿旺旺狗的眼睛就不红了。旺旺狗说："妈妈，刚才揉眼睛的时候，眼睛疼疼的，现在我的眼睛不疼了，妈妈的方法真棒。"

妈妈说："保护眼睛首先要多闭眼休息；眼睛进异物时，可以用清水冲洗，也可以眨眨眼睛；千万不能用小脏手去揉，否则手上的细菌会揉进眼睛里，让眼睛受伤生病。"汪汪狗认真地点点头说："我记住了，眼睛很重要，我以后一定要保护好眼睛才行呀。"

（二）中班活动设计

中班健康教育活动　小猪生病了
华中师范大学幼儿园　王莉

1.设计意图

幼儿的免疫系统尚未完全发育，抵抗力相对较弱，很容易受到病毒的侵袭。感冒作为一种常见的呼吸道疾病，尤其在季节交替、气候变化大时，更容易在幼儿群体中传播。近期秋、冬季节交替，班级中经常会有因流鼻涕、发热、咳嗽而请假的幼儿。小朋友们纷纷问："老师，为什么妞妞没来呢？"听到老师回答："妞妞感冒啦，在家休息呢。"有小朋友说："老师，我不想感冒，感冒太难受了，我想和小朋友们一起玩儿！"而在和家长沟通的时候，家长提及，稍微有点疏忽照料，小朋友就病了，还有的小朋友在看病吃药和饮食方面不太配合。幼儿都有感冒的经历，知道感冒了很不舒服。为了增强幼儿的自我保护意识，提升他们对感冒的认识及防范能力，本班级教师导入《小猪生病了》的故事，组织开展了关于预防感冒的健康教育活动。此次活动通过运用贴近幼儿日常生活且易于理解的故事内容，以及生动有趣的故事画面，引导幼儿深入了解感冒的主要症状及预防措施，激发幼儿积极预防疾病的意愿，教导他们如何有效保护身体以预防疾病的发生，从而帮助幼儿建立起基本的健康理念。

2.活动目标

（1）理解故事内容，了解小猪感冒的原因。

（2）知道多运动、多饮水、均衡饮食等能够预防感冒。

（3）有爱护身体的意识，形成初步的健康观念。

3.活动准备

（1）物质准备：《小猪生病了》故事课件、预防感冒的正确做法图片，水彩笔、绘画纸若干。

（2）经验准备：幼儿知道关于感冒的相关常识，有过制作宣传海报和宣讲的经验。

4.活动过程

（1）问题导入。

引导语：今天我们一起认识一位新朋友吧，我们一起来看看它是谁？发生了什么事情？看看它的心情怎么样？

（2）故事阅读，了解小猪生病的症状和感受。

①观察小猪生病的图片，感受小猪生病的症状和难受。

引导语：小朋友仔细看看，小猪怎么啦？（生病）你是怎么发现的？（流鼻涕、发热、不高兴等）生病时会有什么感觉？

教师小结：原来小猪感冒了，它边流鼻涕边打喷嚏，还发热咳嗽，感冒太难受了。

②逐页阅读，初步了解小猪生病的原因。

引导语：小猪为什么会感冒生病呢？我们一起听听后面的故事。

教师小结：原来小猪没有好好穿衣服，不愿意参加运动，每天没有按时睡觉、好好休息，所以就感冒生病了。我们一定要记住天冷时要及时穿外套，养成每天按时睡觉、多运动的好习惯。

（3）看图片，了解预防感冒的方法。

①教师启发幼儿思考预防感冒、让身体变健康的方法。

引导语：《小猪生病了》的故事告诉小朋友们天冷要穿多点衣服，按时睡觉，多运动能预防感冒。还有哪些预防感冒的方法呢？

②教师出示图片，鼓励幼儿大胆说出图片中的内容。

教师依次出示多喝水、多吃水果、多吃蔬菜、流感高发期出门戴好小口罩的方法图片。

（4）制作海报：我是小小宣传员。

①引入宣传员角色，巩固预防感冒的方法。

引导语：小朋友们掌握了很多预防感冒的方法，我们把这些方法宣传给其他小朋友，让大家都知道做哪些事情才能不感冒、不生病。

②幼儿自选形式进行宣传海报制作。

引导语：这里给小朋友准备了各种材料，大家可以选择喜欢的方式制作《预防感冒》的宣传海报。

(5) 小小宣传员宣讲。

教师小结：小朋友们的宣传海报制作得太细致了，相信听了大家的宣传，每个人都知道怎样预防感冒啦，都能够多运动、多喝水、及时增减衣服、早睡早起、多吃蔬菜水果、均衡饮食。你们太棒了！一起去给其他班小朋友宣传我们的好办法吧！

5. 活动反思

本次活动首先以故事的形式引入，生动形象的内容帮助幼儿了解到小猪因为天气冷了没有多穿衣服，不按时睡觉、不爱运动导致感冒生病。其次教师引导幼儿结合亲身经历回忆关于感冒时身体不舒服的感受，激发幼儿预防感冒的意愿，并在图片的提示下，和幼儿一起讨论预防感冒的方法，如按时睡觉、多运动增强抵抗力、多吃蔬菜水果均衡饮食、开窗通风等。最后通过小小宣传员的角色，鼓励幼儿大胆表达自己的想法，引导幼儿将预防感冒的方法内化于心，树立正确的健康观念。

（三）大班活动设计

大班健康教育活动 预防手足口病

北京市朝阳区西坝河第三幼儿园 周超

1. 设计意图

手足口病是春季常见的传染病之一。临床表现为发热，手心、脚心有斑丘疹和疱疹，口腔黏膜出现疱疹或溃疡，具有强烈的疼痛感等。春季的某个星期一，大班一名小朋友在入园晨检时，被发现患有手足口病，随即由家长送其去医院就诊，并请假居家隔离，这件事在幼儿间引发了激烈的讨论："为什么得了手足口病就要隔离呢？""得了手足口病会怎么样呢？""怎样才能预防手足口病呢？"一时间，手足口病成为幼儿热议的话题，教师借助这一契机，通过开展此次活动，增强幼儿传染病预防的意识，了解预防手足口病这一传染病的科学方法。大班幼儿已具备相对丰富的生活经验，词汇量显著增长，其口语表达能力亦有所提升，能够清晰表述自身对疾病的认识与感受。本次活动以幼儿入园时的晨检环节为切入点，通过情景模拟、观察病例图片以及学唱预防手足口病拍手儿歌等多种方式，旨在帮助幼儿更深入地了解手足口病的相关知识，并有效掌握预防该疾病的具体方法。

2. 活动目标

(1) 知道手足口病是一种春季常见的传染病。

(2) 了解手足口病的传播途径及预防方法。

(3) 养成良好的卫生习惯，增强自我保护的意识和能力。

3. 活动准备

(1) 物质准备：手足口病手心、脚心病例的卡通图片。

(2) 经验准备：幼儿知道流感、水痘、诺如病毒感染是常见的传染病。

4. 活动过程

(1) 师幼交谈引入，调动幼儿已有经验。

①小朋友们早上来幼儿园时，在保健医生那里会做什么呢？

②为什么要进行晨间检查呢？

教师小结：早上入园时，保健医生会让我们张开嘴，用小手电检查小嘴巴，还会看看我们的小手，摸摸我们的额头热不热。帮助我们及时发现小身体里不舒服的地方。

今天，保健医生张老师晨检时发现有一名小朋友生病了，是手足口病。刚才咱们都很好奇什么是手足口病，为什么这位小朋友不能来幼儿园了。今天张老师特地来到我们班，给我们讲讲手足口病的相关知识。

（2）保健医生讲解：引导幼儿了解手足口病及其预防知识。

①出示手足口病例卡通图片，幼儿观察。

引导语：图片上的小朋友叫安安，她的口腔里出现了一些白白的、红红的小点点，安安怎么了？我们快来看看吧。

保健医生小结：图片中小朋友的嘴巴里起了小水泡，手心还有手背也起了小疱疹。这就是手足口病的症状。手足口病会让我们的手、足、口腔、后背、屁股等地方长出小疱疹，或者是小溃疡，还会有头疼、咳嗽、发热的情况。得了手足口病后，小朋友口腔内的小疱疹破掉后成了溃疡，会让我们有流口水、不想吃东西的情况。

②游戏互动：拍手儿歌，了解预防传染病的方法。

引导语：怎样预防手足口病呢？大家一起来听一听拍手儿歌里说了哪些方法。

附儿歌：

预防手足口拍手歌

你拍一，我拍一，勤洗澡来要换衣；
你拍二，我拍二，窗户打开多通风；
你拍三，我拍三，七步洗手好习惯；
你拍四，我拍四，人多地方要少去；
你拍五，我拍五，毛巾被褥勤晾晒；
你拍六，我拍六，饭后盐水把口漱；
你拍七，我拍七，生冷食物我不吃；
你拍八，我拍八，病毒病毒赶走它；
你拍九，我拍九，身体健康多运动；
你拍十，我拍十，好的习惯要坚持！

保健医生提问：小朋友们，儿歌中说到了预防手足口病的哪些好方法？

保健医生小结：儿歌中说到要注意口腔卫生、饭后漱口、饭前便后要洗手、勤洗澡、保持环境卫生、经常开窗通风、多运动才能预防手足口病。还有以后张老师帮小朋友晨检的时候，也要好好配合张老师，如果不舒服也要和张老师说（保健医生告别之后离开）。

（3）游戏互动：巩固预防手足口病的方法。

引导语：刚才张老师给大家讲解了手足口病的症状和预防知识，下面请每名小朋友找到一位好朋友，一起拍手说一说儿歌歌词。听听哪位小朋友预防手足口病的方法记得多。

（4）绘制预防手足口病计划表，并与同伴分享。

①幼儿绘制计划单。

教师：今天我们了解了关于手足口病的很多知识，也知道了很多预防手足口病的方法，你们计划怎样养成好的卫生习惯，让传染病远离自己呢？请大家将自己的计划绘制在计划单上。

②与同伴分享计划单。

5.活动延伸

小朋友回家之后向家长宣传手足口病相关知识，共同做好手足口病的预防。

6.活动反思

教师以保健医生给幼儿进行晨间检查为教育契机，引入手足口病的内容。借助保健医生的教育资源，为幼儿进行科学的、全面的手足口预防教育的讲解，同时为幼儿提供了直观形象的手足口病例图片，让幼儿切实地观察到手足口病的症状，从而对手足口病有一个基本的了解。由于预防手足口病的方法比较多，因此保健医生引入了朗朗上口的拍手儿歌，帮助幼儿记住这些方法，在与同伴一同进行拍手儿歌互动时，不仅加深了幼儿对预防手足口病方法的掌握，也增强了幼儿与同伴交往的能力，从而将养成良好的生活习惯和卫生习惯进一步内化于心。

◇ 项目小结

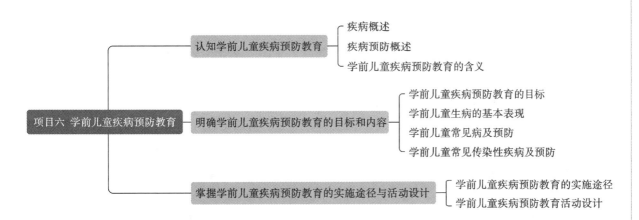

思考与练习

一、单项选择题

1.保护幼儿听觉器官的正确做法是（　　）。（选自2021年上半年教师资格证考试）

A.引导幼儿遇到噪声时捂耳、张嘴

B.经常帮助幼儿掏耳、去耳屎

C.要求幼儿捏住鼻翼两侧擤鼻涕

D.经常让幼儿用耳机听音乐、故事

2.手足口病常见皮疹多发部位是（　　）。

A.手　　　　　　B.足　　　　　　C.口腔　　　　　　D.臀

3.（　　）不是预防疾病的好办法。

A.加强体育锻炼　　　　　　B.规律作息

C.科学营养膳食　　　　　　D.经常吃补品

二、简答题

1. 疾病对于学前儿童有什么影响？
2. 学前儿童有哪些表现是生病的信号？
3. 简述学前儿童腹泻的症状是什么？如何预防与护理？
4. 对学前儿童进行疾病预防教育的主要途径有哪些？

 思考与练习参考答案

实践与实训

实训一： 选择一个季节，结合该季节常见病和常见传染病的病因、症状等常识，为自己所在地区学前儿童拟定护理和预防措施。

目的： 了解学前儿童常见病和常见传染病的病因、症状，初步掌握疾病预防策略并能在实践过程中运用。

要求： 能体现出"预防为主"的健康教育和卫生保健理念；能理解疾病与遗传、营养、教育、运动、地域、季节、环境等多方面的关系，并在护理和预防措施中有所体现；护理与预防措施科学有效。

形式： 文献查阅、实地调研。

实训二： 以月为单位，尝试拟定全年的学前儿童疾病预防教育的月历表。

目的： 掌握学前儿童疾病和疾病预防的基础知识；能将疾病预防教育与常态教育实践结合起来，明确不同阶段疾病预防教育的重点。

要求： 逐月安排清晰、合理，体现出以疾病预防为目的专门教育活动的时段性、实效性和科学性。

形式： 文献查阅、实地调研。

实训三： 设计一个学前儿童疾病预防教育主题活动，并模拟教学活动。

目的： 初步掌握学前儿童疾病、疾病预防的基础知识及疾病预防教育的常见途径，尝试在教育主题活动设计与实施过程中运用。

要求： 有主题网络图；教育活动中既体现主题活动的一般特点和要求，也能体现疾病预防和预防教育的内容和要求。

形式： 小组研讨。

思政案例

践行职业操守，提升职业能力

人们至今也不会忘记，那段注定会载入人类发展史册的经历。

2019年底，新型冠状病毒肺炎病例在湖北省武汉市首次被发现。在重大疫情面前，最先挺身而出的就是我们的白衣天使——医务工作者，他们在这场没有硝烟的战争中为患者筑起了生命防护之堤；他们恪尽职守，临危不惧，穿梭在生死之间，用自己的生命挽救他人的生命；他们不抛弃，不放弃，坚守每个人生命的平安与健康；他们是最美"逆行者"。

在这个战场上，有一位年逾八旬的老人，以其坚韧不拔的精神和卓越贡献，赢得了我们深深的敬意。他便是荣获"共和国勋章"的杰出科学家——钟南山院士。他的颁奖词这样写道："钟南山，我国呼吸疾病研究领域的领军人物，敢医敢言、勇于担当，提出的防控策略和防治措施挽救了无数生命，在非典型肺炎和新冠肺炎疫情防控中做出巨大贡献。"

"共和国勋章"是中国最高的荣誉勋章，用以表彰在中国特色社会主义建设和保卫国家中作出巨大贡献、建立卓越功勋的杰出人士。

2020年伊始，新冠疫情暴发，钟南山任国家卫生健康委高级别专家组组长，驰援武汉；1月20日，钟南山判断"肯定人传人"，提出"没有特殊情况就不要去武汉"的告诫；1月21日，钟南山任科技部新型冠状病毒联防联控工作机制科研攻关专家组组长带领团队临床救治，科研攻关，并开展国际合作；9月，钟南山入选世界卫生组织新冠疫情应对评估专家组，代表中国力量参与全球抗疫，将"中国经验"迅速推介给世界。2020年9月8日，钟南山荣获"共和国勋章"后，向习近平总书记主动请战，要求参与疫情防控平台建设。

在应对2020年新冠疫情大流行中，无数医务工作者为了人民的生命和健康，"逆向而行"，尽职尽责，甘于奉献，有的医生护士即使在工作中不幸被感染，治好后义无反顾地迅速回到工作岗位，不仅为患者传递了战胜病魔的信心，而且也为同事减缓了工作压力，医者仁心，这就是他们的职业操守和道德情操。

从"逆行者"身上我们看到了：医者仁心，大爱无疆。热爱自己的工作岗位，恪尽职守，兢兢业业；勤奋学习，不断研讨；敢于实践，勇于实践；乐于奉献，甘为人梯。

项目七　学前儿童体育教育

◇学习目标

素质目标：倡导正确的健康观，提高加强体育锻炼的意识（勤于锻炼，养成自觉增强体质的行为习惯，不断提高其身体素质）；强化责任意识、安全意识、团队合作意识。

知识目标：了解体育锻炼对学前儿童身心发展的积极作用，掌握学前儿童体育教育的意义；掌握学前儿童体育教育的内容、注意事项及实施途径。

能力目标：能够为不同年龄段的学前儿童设计体育教育活动，并能组织与实施；在体育活动设计与实施过程中，能够尊重学前儿童身体发展的特点，突出学前儿童体育教学活动开展的丰富性、趣味性和科学性，树立正确的教学观和儿童观。

◇情境导入

在某日上午的幼儿园户外活动中，多个年龄班幼儿共同在园区活动场地进行自由活动。其中，大班幼儿积极参与各项体育活动，如滑梯、软绳、攀爬小山、小屋探险等。与此同时，有3名中班幼儿则对现场的滚筒产生了浓厚的兴趣，他们在一旁观察滚筒，表现出对新鲜事物的好奇与探索欲望。

据中班张老师介绍，滚筒游戏是该班级今年新引入的活动项目，幼儿们对新游戏尚不熟悉，仍处于适应与摸索阶段。现场教师们正在一旁仔细观察，详细记录着幼儿们的活动表现，以便更好地了解他们的兴趣爱好和体能状况，为今后的教育教学活动开展提供有力支持。

作为幼儿园教师的你，发现了什么？运动、游戏能给幼儿带来什么呢？

任务一　认知学前儿童体育教育

1999年6月,中共中央、国务院颁布的《关于深化教育改革全面推进素质教育的决定》指出:"健康体魄是青少年为祖国和人民服务的基本前提,是中华民族旺盛生命力的体现。学校教育要树立健康第一的指导思想,切实加强体育工作,使学生掌握基本运动技能,养成坚持体育锻炼的良好习惯。"这指明了学校教育特别是学校体育教育的发展方向。

2018年召开的全国教育大会上,习近平总书记强调:"要树立健康第一的教育理念,开齐开足体育课,帮助学生在体育锻炼中享受乐趣、增强体质、健全人格、锤炼意志。"这更是强调了学校体育乃至体育与健康课程发展的根本方向。幼儿园教育是基础教育的重要组成部分,是我国学校教育和终身教育的奠基阶段。因此,幼儿园更应培养幼儿参加体育活动的兴趣,让他们体验在体育活动中的乐趣,强身健体,健全人格。

一、学前儿童体育教育的含义

《幼儿园工作规程》的第三条指出,贯彻国家的教育方针,按照保育与教育相结合的原则,遵循幼儿身心发展特点和规律,实施德、智、体、美等方面全面发展的教育,促进幼儿身心和谐发展。幼儿园同时面向幼儿家长提供科学育儿指导;第十八条指出,幼儿园应当制定合理的幼儿一日生活作息制度。正餐间隔时间为3.5~4小时。在正常情况下,幼儿户外活动时间(包括户外体育活动时间)每天不得少于2小时,寄宿制幼儿园不得少于3小时;高寒、高温地区可酌情增减。《幼儿园工作规程》将幼儿体育、幼儿户外活动时间明确写入规程,是因为幼儿体育是保护和促进幼儿身心健康发展的重要途径和手段。如图7-1所示,幼儿正在进行户外活动。

图7-1　幼儿户外活动
(图片来自北京市朝阳区丽景幼儿园)

政策法规链接
《幼儿园工作规程》

扫码学习《幼儿园工作规程》文件全文。

体育教育是指有目的、有计划、有组织地促进身心全面发展，增强体质，传授锻炼身体的知识、技术和技能，培养高尚道德品质和坚强意志品质的教育过程。

学前儿童体育教育，就是根据学前儿童的身心发展特点，有目的、有计划、有组织地设计专门的活动，激发幼儿参与体育活动的兴趣，提高幼儿参加体育活动的积极性，开发幼儿的运动潜能，培养幼儿坚强、勇敢、不怕困难的意志品质，促进幼儿的身心健康发展，增强其体质，提高机体对环境的适应能力。

二 学前儿童体育教育的意义

随着时代的发展、社会的进步，体育已经越来越被人们所接受和重视。

（一）体育活动提高幼儿身体素质

幼儿由于身体的各器官、神经系统组织机能发育尚不完善，对不断变化的气候的适应能力和各种疾病的抵抗能力较弱，容易感染疾病，通过适当的体育活动，能够促进幼儿骨骼肌肉发育完善的同时，增强幼儿身体的代谢功能，提高机体免疫能力，提升幼儿体能。

（二）体育活动促进幼儿智力发展

在体育运动的过程中，人体血液循环加速，为大脑供给充足的氧气和营养物质，使大脑功能加强，思维敏捷。同时，在进行体育活动的过程中，能使大脑释放内啡肽等有益物质，促进思维和智力发展，增加大脑皮层厚度和脑神经细胞树突，使幼儿的视觉、听觉、神经传导速度和神经系统的灵活性得到提高，促进幼儿智力的发展。

（三）体育活动培养幼儿道德品质

体育活动通常具有较强的规则性和竞技性。通过进行规范的体育活动，可以有效培养幼儿的规则意识，并促进他们形成遵守纪律、遵守规范的优秀道德品质。参加体育竞赛也有利于培养幼儿的竞争意识、团队意识、集体荣誉感和顽强拼搏的精神。

（四）体育活动维护幼儿心理健康

体育活动方式多样，富有趣味性，其中体育游戏也是幼儿最喜爱的游戏。各种有趣的体育活动游戏，不仅能让幼儿精神焕发、情绪愉快，增强幼儿的自信心，而且还可以防止幼儿产生焦虑、恐惧和退缩等心理和行为。

（五）体育活动推动幼儿社会性发展

在团体性体育活动过程中，幼儿通过与同伴之间沟通、协商、合作等，能培养幼儿的人际交往能力。在体育活动中获得成功后，幼儿会得到认可，有利于培养其自信心，增强幼儿自我效能感。

任务二　明确学前儿童体育教育的目标和内容

一、学前儿童体育教育的目标

基于《纲要》和《指南》在健康领域对幼儿体育教育内容的规定，确定学前儿童体育教育的总目标：激发幼儿参与体育活动的兴趣；培养幼儿体育锻炼的好习惯；提高幼儿自我保护意识和安全意识；促进幼儿身心正常、协调发展，增强其体质；培养幼儿坚强、勇敢、不怕困难等意志品质。

> **案例导入**
>
> **中班健康教育活动　我是小士兵**
>
> 活动目标
> 1. 学习侧面钻的动作，掌握侧面钻的动作要领。
> 2. 能侧面钻过不同的障碍，综合练习平衡、侧面钻和投掷的动作，增强动作的灵活性，发展幼儿的身体素质。
> 3. 体验侧面钻的乐趣和小士兵的成功感。

二、学前儿童体育教育的内容

《纲要》指出，培养幼儿对体育活动的兴趣是幼儿园体育的重要目标，要根据幼儿的特点组织生动有趣、形式多样的体育活动，吸引幼儿主动参与。目前，幼儿园基本的体育活动形式主要有体育教学活动、户外体育活动、体育游戏，具体内容有基本动作练习、基本体操和队列队形、器械类活动、球类运动（表7-1）。

表7-1 学前儿童体育教育的内容

体育教育的内容	具体项目
基本动作练习	走、跑、跳、投掷、钻爬、平衡和协调、攀登
基本体操和队列队形	模仿操、徒手操、轻器械操、变换队形、识别方位
器械类活动	大中型固定性运动器械；中小型的可移动运动器械；手持的小型运动器械
球类运动	小皮球、排球、滚球、抛接球等

（一）学前儿童体育教育各年龄班的主要内容

1. 基本动作练习

幼儿园体育教育中基本动作练习主要指走、跑、跳、投掷、钻爬、平衡和协调、攀登等动作的学习与练习。

（1）走的动作。

3岁左右的幼儿在走路时，脚的蹬地力量弱而不均，步幅小，速度不均匀，身体常会左右摇摆，走不成直线。在排队时注意力分散，喜欢东张西望，时常会走出队伍之外；4~5岁的幼儿，走路步幅已经稳定，动作趋于平稳，已逐渐形成自己的走步节奏；5~6岁的幼儿，走的动作已比较协调、自然、平稳，已初步形成个人走步的姿态。各年龄班走的动作的基本要求如表7-2所示。

表7-2 走的动作①

内容	班级		
	小班	中班	大班
走	1.向指定方向走。 2.在指定范围内四散走。 3.一个跟着一个走。 4.沿圆圈走。 5.模仿动物走。 6.短途远足	1.听信号有节奏地走、变速走、变方向走，高举手臂足尖走、蹲着走。 2.跨过低障碍物走、用前脚掌走。 3.倒退走、上下坡走	1.听信号变速走、变方向走。 2.绕过障碍物，曲线走。 3.一对跟着一对整齐走。 4.较长距离远足

①高庆春，梁周全.学前儿童健康教育[M].北京:高等教育出版社,2014.

（2）跑的动作。

3岁左右的幼儿在跑步时，脚步沉重，方向掌握不好，手脚动作不协调，腾空动作不明显；到了中班后，能手脚动作协调地向成人指定的方向跑；5岁以后，幼儿开始能逐步掌握跑步的基本技能，能够轻松、有节奏地跑，步幅增大，控制跑的能力显著提高，在跑中转身、停、躲闪等动作也都比较灵活了。各年龄班跑的动作的基本要求如表7-3所示。

表 7-3 跑的动作①

内容	班级		
	小班	中班	大班
跑	1.向指定方向跑、持物跑。 2.沿规定路线跑。 3.在指定范围内四散跑。 4.在指定范围内追逐跑,走、跑交替或慢跑100米。 5.一个跟着一个跑	1.有节奏地跑,绕过障碍物跑,在一定范围内四散追逐跑。 2.20米快跑、接力跑、走跑交替或200米慢跑、远足	1.听信号变速走、变速跑。 2.四散追逐跑、躲闪跑。 3.快跑25～30米。 4.走跑交替或慢跑300米。 5.绕过障碍跑。 6.接力跑,大步跑

①高庆春,梁周全.学前儿童健康教育[M].北京:高等教育出版社,2014.

(3) 跳的动作。

3岁之前的幼儿由于运动器官发育不成熟,动作的协调性还没得到很好的发展,缺乏平衡能力,很少能正确地跳;3～4岁的幼儿一般能掌握双脚向上,向前跳等简单的动作;5岁以后,幼儿跳跃能力逐渐发展起来,起跳逐渐有力,动作日益协调,平衡能力得到提高。各年龄班跳的动作的基本要求如表7-4所示。

表 7-4 跳的动作①

内容	班级		
	小班	中班	大班
跳跃	1.双脚向前跳。 2.双脚向上跳(头触物)。 3.从高25厘米处往下跳	1.原地纵跳触物、立定跳远。 2.直线两侧行进跳。 3.双脚交替跳。 4.单、双脚轮换跳。 5.单足连续向前跳跃。 6.助跑跨跳。 7.从高处往下跳(高约30厘米)	1.纵跳触物、跳远。 2.助跑跨跳。 3.行进向前侧跳、转身跳。 4.改变方向(前、后、左、右)跳。 5.从高处往下跳。 6.助跑跳高。 7.跳绳、跳皮筋、跳蹦床

①高庆春,梁周全.学前儿童健康教育[M].北京:高等教育出版社,2014.

活动案例
"小兔子,跳呀跳"
扫码学习健康教育活动案例"小兔子,跳呀跳"。

(4) 投掷的动作。

小班的幼儿力量小,身体平衡性差,所以投掷通常不准确;到了中班,幼儿投掷的能力有了明显提高,能够做到全身用力,但出手角度仍偏小,投掷方向仍不稳定;6岁左右的幼儿投掷能力发展较快，他们已能初步掌握传接球、走动拍球、侧面站立肩上投掷等技能，有的幼儿还能跳起来投球，经常练习投掷的幼儿动作比较协调有力。各年龄班投掷的动作的基本要求如表7-5所示。

表7-5 投掷的动作[①]

内容	班级		
	小班	中班	大班
投掷	1.单手自然向前投物。 2.双手向上、前、后方抛球。 3.双手滚、接、拍球	1.肩上挥臂投远。 2.滚球击物、抛接球。 3.左右手拍球	1.半侧面肩上挥臂投远。 2.投准（篮）练习。 3.抛接球。 4.用球击靶（或活动靶）。 5.套物、运球、踢球

①高庆春,梁周全.学前儿童健康教育[M].北京:高等教育出版社,2014.

(5) 钻爬的动作。

3～4岁幼儿已经能够协调而较熟练地在攀登架上做钻爬动作，但刚开始时，幼儿手眼配合不准确，四肢肌肉的配合也不协调；6岁左右的幼儿在攀登架上能够创造性地探索各种可能实现的运动方式，熟练地做钻、爬、攀登、悬垂以及各种滑动的动作，还可能掌握对力量、协调性等身体素质和运动自觉较高要求的动作。各年龄班钻爬的动作的基本要求如表7-6所示。

表7-6 钻爬的动作[①]

内容	班级		
	小班	中班	大班
钻爬	1.正面钻过障碍物。 2.屈膝着地爬。 3.倒退爬。 4.钻爬过低矮障碍物	1.侧面钻过较低的障碍物。 2.手脚着地爬。 3.钻爬过较长的障碍（洞）	1.侧面钻过低障碍物。 2.灵活横爬（侧爬）、爬越

①高庆春,梁周全.学前儿童健康教育[M].北京:高等教育出版社,2014.

活动案例
"小乌龟旅行记"
扫码学习健康教育活动案例"小乌龟旅行记"。

(6) 平衡和协调。

3～4岁的幼儿在速度较慢地走或跑的过程中，基本能保持身体的平衡。但是在快跑、急停、跳跃、转弯等身体运动速度产生急剧变化时或是有障碍物、地面不平时，常常会摔倒。随着神经系统和运动能力的发展，幼儿期平衡能力发展迅速。5～6岁幼儿是锻炼平衡能力的显著收效期。各年龄班平衡和协调的动作的基本要求如表7-7所示。

表7-7 平衡和协调的动作[1]

内容	班级		
	小班	中班	大班
平衡和协调	1.走平行线（窄道）。 2.在中间走。 3.在平衡木上走。 4.在斜坡上走	1.走平衡木（斜坡）。 2.原地自转。 3.闭目行走	1.闭目起踵自转。 2.单足站立，走平衡木。 3.交换动作走平衡木（斜坡）

[1] 高庆春,梁周全.学前儿童健康教育[M].北京:高等教育出版社,2014.

（7）攀登。

幼儿两岁时，开始学习登台阶，但2~3岁幼儿在上下台阶时，还不能双脚交替上下台阶。3~4岁幼儿在攀登各种器械时，往往是五指并拢扣握横木，并手并脚攀上、爬下，动作不灵活、不协调，姿势不正确。各年龄班攀登的动作的基本要求如表7-8所示。

表7-8 攀登的动作[1]

内容	班级		
	小班	中班	大班
攀登	上下台阶、玩滑梯、攀登肋木等	攀登各种器械	手、脚交替灵活攀登各种器械

[1] 高庆春,梁周全.学前儿童健康教育[M].北京:高等教育出版社,2014.

案例导入

大班健康教育活动 营救小白兔

活动目标：

1.能够通过多种活动，提高幼儿攀爬、平衡等动作的协调性和灵活性。

2.了解营救小白兔的方法，增强幼儿自我保护意识。

3.在游戏中克服困难，坚持完成救援任务，培养幼儿坚强、勇敢、不怕困难的意志品质。

2.基本体操和队列队形

在幼儿园中，体操是常见的体育活动之一，它主要是指幼儿通过身体各部位的协调配合，根据人体各部位运动的特点，按照一定的程序，有目的、有节奏地进行各种举、摆、绕、踢、跳跃、屈伸等一系列单一或组合动作的身体练习。幼儿基本体操主要包含模仿操、徒手操和轻器械操这三类。

队列队形是指全体幼儿按照教师的统一口令，站成一定的队形，完成协调一致的动作。它包括动作（站法、移动法、停法、转法、集合、报数、看齐等排队方法）、队形（横队、纵队、半圆形队等）、变换队形（分队走、并队走等）的方法和口令、识别方位等内容。各年龄班基本体操和队列队形所需掌握的基本内容如表7-9所示。

表7-9 基本体操和队列队形[①]

内容	班级		
	小班	中班	大班
基本体操	1.模仿操。 2.徒手操。 3.一个跟着一个走，走成一个大圆	1.徒手操。 2.轻器械操。 3.能听信号切断分队走。 4.能一路纵队跑	1.徒手操。 2.轻器械操。 3.能按信号迅速集合、分散。 4.能整齐队列。 5.能变换队形（向左、向右转走）

①高庆春,梁周全.学前儿童健康教育[M].北京:高等教育出版社,2014.

3.器械类活动

幼儿的各类体育活动都离不开运动器械。通过各类运动器械，不仅有利于增加运动负荷，提高动作难度，而且能够调动幼儿参与体育活动的积极性，提高幼儿的运动兴趣。运动器械主要包括以下三类：一是大中型固定性运动器械，如攀登架、滑梯、转椅、秋千、宇宙飞船、攀网、跷跷板、蹦蹦床、充气床垫、"海洋球"池、联合器械等；二是中小型的可移动运动器械，如平衡木、拱形门、小梯子、垫子、小三轮车、脚踏车、小手推车、滑板车等；三是手持的小型运动器械，如各种大小球类、橡皮筋、跳绳、塑料圈、小哑铃、椅子、沙包、毽子、小高跷、铁环、各种小飞镖等。各年龄班器械类活动的基本内容如表7-10所示。

表7-10 器械类活动[①]

内容	班级		
	小班	中班	大班
器械类活动	1.滑梯、攀登架、转椅等。 2.小三轮车、滑板车。 3.球、绳、棒、圈等各类小型器械	1.跷跷板、秋千等。 2.小三轮车、带辅轮的小自行车等。 3.球、绳、棒、圈及其他利用废旧材料制作的小型器材	1.低单杠、秋千等。 2.脚蹬车、轮胎等。 3.高跷、跳绳、橡皮筋、球、积木等

①高庆春,梁周全.学前儿童健康教育[M].北京:高等教育出版社,2014.

4.球类活动

球类活动是幼儿非常喜欢的体育活动，在进行球类运动时，常常会和走、跑、跳、钻爬等结合进行游戏活动。各年龄班球类活动的基本内容如表7-11所示。

表7-11 球类活动①

内容	班级		
	小班	中班	大班
球类活动	双手拍球、双手滚球、原地拍球	滚接球、抛接球、直线运球、变化地拍球	单手滚接球、各种抛接球、投球、曲线运球

①高庆春,梁周全.学前儿童健康教育[M].北京:高等教育出版社,2014.

（二）学前儿童体育教育各年龄班的重点内容

由于幼儿的年龄段不同，身体动作发展水平也不同，因此，各年龄班的体育活动教育重点也不同，具体如表7-12所示。

表7-12 各年龄班体育教育的重点内容

班级	重点内容
小班	培养走和跑的方向、步幅、节奏的调节能力和排队走步的能力；通过模仿操培养幼儿做操的兴趣和习惯；通过体育锻炼发展幼儿身体的平衡性、协调性和柔韧性
中班	锻炼平衡、跳跃和投掷；提高力量、耐力和速度；学会徒手操；重点练习齐步走、跑步走（重点是培养节奏、步幅和速度的调节能力及提高排队走步的能力）和听信号分队走等内容
大班	提高各种动作的技能、技巧和全面增强幼儿的速度、力量、耐力、平衡、协调、柔韧、灵敏等身体素质；掌握难度较大的徒手操和轻器械操

任务三 掌握学前儿童体育教育的实施途径与活动设计

一、学前儿童体育教育的实施途径

（一）在幼儿园内进行体育教育

1.专门的体育教学活动

体育教学活动也就是我们俗称的体育课，它是幼儿园体育活动的基本组织形式，通常采用集体（全班或小组）教学活动的方式。在无特殊情况（主要指下雨或天气过热、过冷）的条件下，一般要求在户外场地上进行。幼儿园并非每天都有体育课，在现今的幼儿园中，各年龄班的体育课一般每周安排1~2次，并大多采用游戏的方式。

体育教学活动是一种正式的体育活动，具有较强的组织性和目的性。其主要任务是：全面锻炼幼儿的身体，增强幼儿体质；传授简单的体育知识和技能；发展幼儿智力；培养优良品质，锻炼意志，发展个性。

如图7-2所示，幼儿正在户外上体育课。

图7-2　幼儿园户外体育课现场

（图片来自北京市朝阳区丽景幼儿园）

2.体操活动

体操可以促进幼儿身体全面均衡发育，促进其身体健康，培养幼儿良好的身体姿势；有助于发展幼儿身体的力量、协调、平衡、柔韧等运动素质；发展幼儿的方位、幅度、力度和节奏知觉；培养幼儿观察能力、模仿能力、想象能力和迁移能力与创造能力；培养幼儿遵守纪律的习惯、集体意识与协同意识。

3.户外体育活动

户外体育活动是指幼儿借助幼儿园户外环境和器材，在教师的引导下或幼儿自发、自主进行的体育运动。户外体育活动是指非正式的体育活动，它不强调活动组织的严密性，教师大多是采用间接指导的方式来组织和实施活动的。

微课视频

《滚筒变变变》

扫码观看幼儿户外活动视频《滚筒变变变》。

4.体育游戏

体育游戏是由走、跑、跳、钻爬、投掷等基础动作组成的有情节、有规则、有任务的体育活动。它以游戏的形式对幼儿进行身体训练，让幼儿获得良好情绪体验的同时，发展幼儿走、跑、跳、投掷、钻爬、平衡和协调、攀登等基本技能，提高幼儿的速度、力量、耐力、灵敏度，培养幼儿良好的品质和社会适应能力，促进幼儿认知能力的发展，如"老狼老狼几点了""老鹰捉小鸡""狡猾的狐狸在哪里"等。

活动案例
"斗鸡大作战"
扫码学习幼儿体育游戏"斗鸡大作战"活动案例。

（二）家园共育进行体育教育

学前期除了幼儿园，家庭也是幼儿的主要生活空间。幼儿与家长交流互动的时间最多，时时刻刻都受到家庭的影响，家长在促进幼儿养成良好的运动习惯方面起着重要的引导和示范作用。因此，一方面家长在日常生活中可以通过自身经常运动，潜移默化地影响幼儿模仿学习；另一方面，家长还可以有意利用家里的玩具等物品，和幼儿一起进行体育游戏。例如，可以利用家里的球和易拉罐玩打保龄球的游戏，利用小垫子玩"滚草地"的游戏。在天气状况好的时候，家长可以带着幼儿到室外、人少的地方进行短时间户外运动，比如全家一起参与跳绳、"老鹰捉小鸡"等游戏；居家时间，也可以玩一些比如跳跃类、平衡类、攀爬类等适合在家里进行的运动。家长和幼儿一起进行体育游戏，不仅可以促进幼儿进行体育锻炼，提高其身体抵抗力，也可以进一步增进亲子感情。

活动案例
"勇闯独木桥"
扫码学习亲子游戏活动案例"勇闯独木桥"。

（三）区园共育进行体育教育

社区是幼儿日常活动的主要场所之一，我们可以利用社区资源，组织幼儿进行体育锻炼。例如，可以利用公园的小树丛、小山、亭台廊桥等天然资源引导幼儿进行走、跑、攀登、平衡、摸高、绕障碍物跑等各类体育运动；也可以利用公园内的攀登架、双杠、蹦蹦床、独木桥、扭腰器等运动器械及设施进行手臂力量、弹跳力、平衡力等锻炼；还可以有机整合公园体育资源，在不损害环境的前提下，在合适的地方悬挂麻袋，让幼儿荡秋千、过绳索；在小山丘架设竹梯、投放轮胎，让幼儿跳竹梯、爬竹梯、滚轮胎、拖轮胎等。总之，幼儿所在社区是幼儿进行体育锻炼的"综合健身房"，家长和教师可以有效利用社区提供的各类资源，拓展体育锻炼的空间，促进幼儿进行体育锻炼。

二 学前儿童体育教育应注意的问题

活动前的准备工作要做好。在体育活动开展之前，幼儿园教师应提前检查活动场地的安全性，幼儿着装是否适合运动，幼儿的精神状态是否良好等内容，从源头保障幼儿在体育活动中的安全。

活动中，活动量要适宜。由于幼儿年龄较小，其身体发育尚未成熟，所以在进行体育活动时，活动量要适中，避免超过幼儿的运动负荷。同时，教师还应当根据当地当时的天气情况、季节特点以及幼儿的实际身体状况和运动情况，合理安排和控制幼儿运动量。

活动过程中注意观察与指导。在体育活动过程中，教师应注意观察每名幼儿的情况，避免幼儿发生磕碰或者伤害他人的情况，需要时及时进行指导或帮助，注意安全。

活动后，要组织好幼儿的休息、喝水、增减衣服等工作，器械的收集与整理等。

三 学前儿童体育教育活动设计

在设计幼儿园体育教育活动时，教师首先应先了解本班幼儿已具备的能力水平，根据班级幼儿的实际情况制定活动目标，其次根据《指南》《纲要》的要求，结合活动需要、动作需要或故事情节需要，设计活动环节，确定具体活动内容，最后根据班级实际人数和幼儿表现等确定活动规则和玩法。

按照人体生理机能活动变化的规律和幼儿身心发展变化的特点，体育教学活动的活动环节一般包含以下三个部分。

一是开始部分。在开始部分主要将幼儿集中起来，吸引幼儿的注意力，激发幼儿参与体育活动的兴趣；给幼儿明确本次活动的内容和要求；带幼儿进行热身活动，克服身体各器官、组织的惰性，提高其活动能力。开始部分活动时间一般占总时间的10%～20%。

二是基本部分。基本部分也是活动的主体部分，它是一次教学活动的核心环节。在这一环节完成活动的教学任务，学习新的或较难的活动内容，巩固和提高已学过的各类动作和游戏，提高幼儿的身体素质，发展幼儿的能力，培养幼儿良好的心理品质等。基本部分活动时间一般占总时间的70%～80%。

三是结束部分。一次活动结束后，为降低幼儿大脑的兴奋性，使幼儿的身体由运动时的紧张状态逐渐恢复到相对安静状态，在结束部分可以带幼儿进行一些肢体放松的活动，对幼儿的表现进行合理的小结评价，收拾和整理器材。结束部分活动时间一般占总时间的10%左右。

以上三个部分都有其主要内容，三者之间是相互联系、紧密结合的统一整体。上一个部分是下一个部分的准备，而下一个部分又是上一个部分的自然延续或发展，它们的中心目标是共同完成体育活动课的教育任务。

（一）小班活动设计

小班健康教育活动 能干的小青蛙

1.设计意图

小班幼儿大多喜欢玩蹦蹦跳跳的游戏，但是由于其身体发育尚未成熟，尚未掌握跳的技巧，所以在跳跃时，还不能自如地跳。《纲要》在健康领域中指出，要让幼儿喜欢参加体育活动，动作协调灵活。为此，教师选择幼儿熟悉又喜欢的"小青蛙"角色，设计了本次活动。通过"小蝌蚪变青蛙""跳荷叶""小青蛙学本领""消灭害虫"等充满趣味的游戏，让幼儿在掌握双脚并拢跳技能的同时，体验体育教育活动带来的乐趣。

2.活动目标

(1) 知道双脚并拢向前、向下、向上多种跳的技能和方法。

(2) 能够双脚并拢向前、向下、向上多种跳。

(3) 体验参与体育游戏的乐趣。

3.活动重难点

(1) 重点：知道双脚并拢向前、向下、向上多种跳的技能和方法。

(2) 难点：能够双脚并拢向前、向下、向上多种跳。

4.活动准备

(1) 物质准备：青蛙头饰若干，不同高度装饰成池塘的椅子若干，荷叶若干，系有不同高度的害虫图片若干，《快乐的小青蛙》背景音乐，舒缓的背景音乐。

(2) 经验准备：幼儿知道青蛙这种小动物，并能够跳离地面。

(3) 环境准备：装饰成池塘的教室。

5.活动过程

(1) 游戏"小蝌蚪变青蛙"，带幼儿一起热身，导入活动。

导入语：小蝌蚪们，天气变暖和了呀！我们长出后腿了，让我们动动后腿，蹲一蹲吧……前腿也长出来了，让我们伸伸前腿吧，摸摸尾巴不见了，我们变成小青蛙了。

师幼跟着《快乐的小青蛙》背景音乐热身。

(2) 游戏"跳荷叶"，探索双脚并拢向前跳。

引导语：瞧，池塘里有许多荷叶。小青蛙们，你已经长大了，自己到荷叶上练习跳的本领吧！"跳荷叶"的时候要注意安全，找空的荷叶，不要撞到一起。

幼儿自由练习向前跳，简单讲解动作要领。

(3) 游戏"小青蛙学本领"，练习双脚并拢向下跳。

①幼儿自主尝试从高处往下跳。

引导语：小青蛙们真棒，都学会了"跳"的本领，现在我们到岸上去玩玩吧！池塘里的水真清澈呀，我们一起跳下去游个泳吧！

②请幼儿先示范，教师再讲解示范。

引导语：刚才有个小青蛙跳得真漂亮，请他跳给大家看看。（请一名幼儿站到"岸"上示范）他是怎么跳的？（幼儿讲述，教师总结：两脚并，膝盖弯，向下跳，轻轻落。呱！）我也要来学一学。

教师示范，再次讲解动作要领。

③幼儿多次尝试从高处往下跳水。

引导语：小青蛙们，我们也来试一试吧！（要求跳得轻、远）

(4) 游戏"消灭害虫"，练习双脚并拢向上跳。

引导语：瞧，前面有许多害虫，我们一起帮农民伯伯捉害虫去。怎么捉住害虫？

请一名幼儿示范，教师小结方法：两脚并，膝盖弯，向上跳，用力捉。

教师提问：你们会了吗？试试看！（幼儿尝试向上跳），我们一起去捉害虫。

幼儿多次练习向上跳，捉害虫。

(5) 青蛙妈妈带领小青蛙做放松动作。

结束语：我的小青蛙们真是太能干啦！小青蛙们捉害虫都累了吧，让我们一起在池塘里游游泳，放松放松吧！（教师带领幼儿一起跟着舒缓的音乐做放松运动）

6.活动延伸

家园共育：回家之后，把今天学习捉害虫的本领告诉爸爸妈妈，带爸爸妈妈一起跳一跳！

7.活动反思

本次体育教育活动从热身运动、幼儿自主探索、教师讲解示范、利用游戏练习放松几个阶段进行，教师营造出充满趣味的"小蝌蚪变青蛙""跳荷叶""小青蛙学本领""消灭害虫"的游戏氛围，引导幼儿探索"双脚并拢跳"的跳法，体现了以幼儿为主体的教育理念，幼儿既得到了锻炼，又体验到游戏的乐趣。活动环节清晰、目标性强，层层递进，较好地体现了螺旋式上升、逐步提高难度的原则。

（二）中班活动设计

中班健康教育活动 我的身体像糖果

黄冈师范学院附属幼儿园 曹策

1.设计意图

有一次班上幼儿在一起分享跳跳糖，有一名幼儿突然跑过来跟教师说，"老师，你看我可以像跳跳糖一样这样跳……"他边讲还边模仿。教师突然想到可以以跳跳糖为切入点，引导幼儿尝试不同方式、不同难度的跳跃。遵循幼儿的发展规律和学习特点的原则，根据《指南》健康领域中，中班幼儿能单脚连续向前跳5米左右。教师设计了本次活动，从跳的时间上、距离上、高度上设定不同难度，让幼儿在活动中不断尝试探索，巩固幼儿各种方式跳的能力，在合适的运动负荷下锻炼身体。

2.活动目标

(1) 感受体育教育活动中跳的快乐。

(2) 尝试探索不同方式的跳法。

(3) 能够尝试探索不同方式的跳法，以达到不同难度的跳跃。

3.活动重难点

(1) 重点：引导幼儿尝试不同方式、不同难度的跳跃。

(2) 难点：尝试跳过不同高度的障碍物。比如尝试先跳过10厘米高度，再跳过20厘米高度，最后尝试跳过30厘米高度，最后的高度对于幼儿有一定难度，鼓励幼儿尝试完成。

4.活动准备

(1) 物质准备：泡沫垫子1个，梅花桩若干，跳跳糖1盒。

(2) 经验准备：幼儿学习掌握了双脚跳、单脚跳的技巧；熟悉棉花糖、跳跳糖，并且有吃过的经验。

5.活动过程

(1) 我的身体像棉花糖——模仿棉花糖，做拉伸热身运动。

提问语：你们吃过棉花糖吗？它是什么样的呢？咬在嘴里它会怎么样？

过渡语：我们把身体也像棉花糖一样拉长、拉宽试试。

（2）我的身体像跳跳糖——体验跳跳糖，多种方式跳。

①体验跳跃——从跳的不同方式上感受跳跃。

提问语：你们猜猜这个盒子里面是什么糖呀？那你们觉得跳跳糖可以怎么跳啊？谁来示范给大家看看？还可以怎么跳呢？

过渡语：跳跳糖只会这些本领是不够的，我们还需要学习一下跳跳糖的其他本领。

②连贯跳跃——从跳的连续性上加大跳的力度。

提问语：跳跳糖还可以怎么跳呢？它在嘴里只跳了一下吗？

过渡语：跳跳糖连续跳都是一样的跳法吗？我们来学习一个它的特别方式。

③距离跳跃——从跳的距离上提升跳的难度。

提问语：跳跳糖的小脚都黏到一起了，那它们是怎么跳的呢？

④学习立定跳远的正确方法，并自己尝试。

引导语：跳跳糖在嘴巴里并不满足于连续不停地跳，它们还可以用其他方式来跳。

⑤高度跳跃——从跳的高度上提升跳跃能力。

提问语：跳跳糖在嘴巴里从舌头跳到上颚，它们是怎么做到的呢？你们可以试试吗？

幼儿尝试跳过不同高度的障碍物。幼儿先跳过10厘米高度，再跳过20厘米高度，最后尝试跳过30厘米高度，最后的高度对于幼儿有一定难度，鼓励幼儿尝试完成。

（3）我的身体像棉花糖——变回棉花糖，做拉伸放松运动。

提问语：你们累了吗？那你们哪里最累呀？我们可以怎么办呢？

教师引导幼儿放松身体，特别是腿和脚的肌肉，在进行高强度的运动之后，幼儿适当地拉伸身体，放松肌肉，调整身体状态，师幼交流谈话结束。

6.活动延伸

家园共育：幼儿回家之后，告诉爸爸妈妈，今天学习了哪些跳跃本领。

7.活动反思

本次活动以幼儿喜欢吃的"跳跳糖"为切入点，让幼儿尝试不同方式的跳跃，注意调整幼儿连续跳跃的距离，鼓励幼儿大胆尝试，保证游戏过程中幼儿的安全。在实际组织幼儿进行游戏时，要注意在幼儿遇到游戏的难点时，应该及时予以引导，增强幼儿的自信心；在游戏进行的过程中，也要考虑到幼儿发展水平的差异，对不同幼儿提出不同的要求。

（三）大班活动设计

大班健康教育活动 勇敢小士兵炸敌营
黄冈师范学院附属幼儿园 张晓东

1.设计意图

本次活动针对幼儿的兴趣点，设计了幼儿喜欢的小士兵情景，以"勇敢小士兵炸敌营"为主线，首先让幼儿尝试探索，然后教师讲解动作要点，引导幼儿在活动中自主探索思考，自主总结经验，培养幼儿在活动中勇于克服困难的精神，最后将单一的投掷动作练习加入活动中，激发幼儿参与的兴趣和挑战的意愿。《指南》中要求，5~6岁幼儿能单手将沙包向前投掷5米左右，因此，教师设计了此次活动。

2.活动目标

（1）积极主动参与投掷游戏，乐意学习士兵不怕困难、勇于挑战的良好品质。

（2）掌握正确的肩上挥臂投掷动作要领。

（3）能用正确的方法向前投掷沙包五米左右。

3.活动重难点

（1）重点：掌握正确的肩上挥臂投掷动作要领。

（2）难点：能用正确的方法向前投掷沙包五米左右。

4.活动准备

（1）物质准备：音响1个；沙包20个；塑料长凳2个；标志桶6个；塑料圈6个；飞盘6个；小拱门3个；篮子2个。

（2）经验准备：幼儿能够遵守游戏规则，能够持物进行活动，并掌握走平衡木、曲线跑、单双脚交替跳与钻的技能。

（3）环境准备：具体场景如图7-3所示。

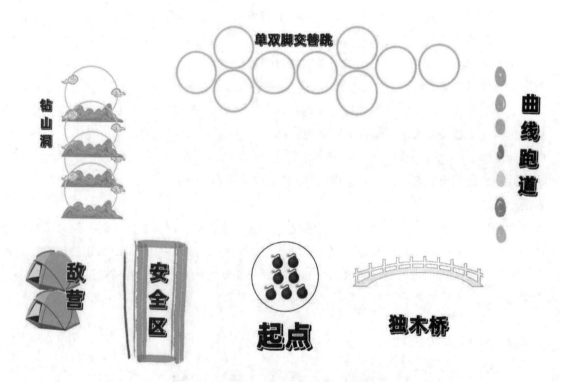

图7-3 "勇敢小士兵炸敌营"活动环境准备内容

5.活动过程

（1）我是勇敢小士兵。

引导语：今天我们接到解放军叔叔的神秘任务，需要我们扮演小士兵帮他们完成，各位小士兵们敢不敢接下这个任务？在接下任务之前，我们的小士兵需要提前运动一下，让我们的身体变得有力量一些。

播放音乐，幼儿跟随音乐活动全身。

（2）勇敢小士兵初尝试。

①小士兵探索投"炸弹"的方法。

教师出示投掷沙包，激发幼儿的活动兴趣。

引导语：今天我们的小士兵们要学一种新本领——投"炸弹"，我们把沙包当成"炸弹"进行练习，看看哪位小士兵投得最远。

幼儿自由探索，教师个别指导，教师重点观察幼儿是怎样投"炸弹"的，谁的姿势正确？谁投得远？幼儿站成一排，往一个方向投。

②小士兵分享投"炸弹"的方法。

引导语：刚刚在练习的时候你们的"炸弹"投得远吗？谁愿意给我们展示一下，说说你用了什么方法。

教师请个别幼儿进行动作示范。

③大兵指导投掷要领。

引导语：小士兵们，如果想把"炸弹"投得更远，我有一个秘诀你们想不想学啊？仔细看：退一步，侧转身，后面脚，向下蹲，小手放耳边，小胳膊架起来，两腿分开，准备好，"炸弹"用力往前投。

④小士兵分组练习肩上挥臂投掷"炸弹"。

引导语：现在请小士兵们站成四列，我们再来比一比，看看谁的炸弹投得最远，投得最标准，只有顺利通过这场考验，我们才有机会帮助解放军叔叔完成任务。

幼儿进行练习，教师指导。

（3）勇敢小士兵练练手。

引导语：小士兵们练好了本领，现在考验你们的时候到啦！我们要进行军事演练——炸毁敌营。敌营安置在离我们远近不同的地方，仔细观察，我们手拿一个"炸弹"，向对面敌营区域投去。看看哪位小士兵最厉害。

（4）勇敢小士兵炸敌营。

①小士兵接受任务。

引导语：小士兵们，刚才接到解放军叔叔的通知，我们要去执行的神秘任务来了，那就是炸毁敌人的营地。小士兵们，你们有信心吗？这路上有异常危险的独木桥，要穿过密密的敌军障碍物，才能到达我们的安全区投"炸弹"。注意哦，千万不能超过我们的安全区，不然就会被敌人发现。还要温馨提示一下哟，我们的"炸弹"可是威力很大的哦，每次你只能运一个"炸弹"，不能运多了，不然就会在你手里"爆炸"噢。哪位小士兵愿意来为我们探探路？（请个别幼儿进行示范）

②小士兵完成任务。

所有小士兵参加到任务中来，依次完成任务。

（5）勇敢小士兵来庆祝。

结束语：今天我们的小士兵非常勇敢，非常顺利地完成了本次炸敌营的任务，解放军叔叔十分满意大家的表现,下次有任务一定会再次向各位小士兵们请求支援的。辛苦我们的小士兵们了,下面我们来跟随音乐放松放松吧。

6.活动延伸

教师将投掷物品放在教室,这样可以让幼儿在零碎时间进行练习。

7.活动反思

在活动中,给予幼儿宽松愉快的环境让幼儿在探索中学习,充分发挥幼儿的观察能力和动作协调能力,在游戏中体验成功的快乐,在练习投掷的过程与教师的不断小结中学会正确的投掷姿势,从而达成活动的目标。

◇ 项目小结

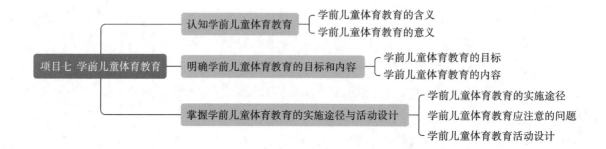

思考与练习

一、单项选择题

1.为了让幼儿在户外运动中一物多玩,最适宜的做法是( )。(选自2016年上半年保教知识与能力考试)

A.教师集体示范　　B.幼儿自主探索　　C.教师分组讲解　　D.教师逐一训练

2.下列最能体现幼儿平衡能力发展的活动是( )。(选自2017年上半年保教知识与能力考试)

A.跳远　　　　　B.蹲步　　　　　C.投掷　　　　　D.踩高跷

3.一天,陈老师正在组织孩子们踢球,方方总是抢球后抱着跑。陈老师看到后就让他站到一边,并对带班老师说:"以后都别让他踢球了!"陈老师的做法( )。(选自2018年下半年综合素质考试)

A.正确,维护了整个活动的良好秩序

B.正确,保护了其他孩子的人身安全

C.不正确,破坏了同事间的团结协作

D.不正确,打击了方方的参与积极性

4.李老师与大班幼儿面对面自由地坐在塑胶地上,李老师对幼儿说:"请你们想个办法到老师面前来。"乐乐想到了前滚翻,动作不怎么标准,歪到了一边。对此,李老师恰当的说法是(　　)。(选自2020年下半年综合素质考试)

　　A."动作不标准,你重新做一遍!"

　　B."乐乐的办法真奇妙,要注意安全。"

　　C."这样不好,会踢到旁边的小朋友。"

　　D."乐乐真勇敢,大家要向他学习。"

5.根据《幼儿园教育指导纲要(试行)》,幼儿园体育的重要目标是(　　)。(选自2013年上半年保教知识与能力考试)

　　A.获得比赛奖项　　　　　　　　　　B.培养运动人才

　　C.培养幼儿对体育活动的兴趣　　　　D.训练技能

6.幼儿体育过程中最主要的环节是(　　)。(选自2012年上半年保教知识与能力考试)

　　A.激发幼儿活动兴趣阶段　　　　　　B.身体准备阶段

　　C.掌握动作技能阶段　　　　　　　　D.结束阶段

二、简答题

1.从儿童发展角度,简述幼儿户外运动的价值。(选自2016年上半年保教知识与能力考试)

2.老师在户外体育活动中如何保障幼儿安全?(选自2014年下半年保教知识与能力考试)

三、活动设计题

游戏名称:老鼠偷米

游戏玩法:扮演老鼠的幼儿躲在四角洞内念儿歌:老鼠偷偷往外瞧,老猫呼呼正睡觉,老鼠轻轻钻进去,偷了粮食快快跑。(当念到第三句时,便可进去偷粮食,但是,每人只能偷一袋粮食,扮演老猫的幼儿躲在自己家里闭上眼睛,假装睡觉。当老鼠念完第四句后,老猫醒来叫一声"喵"时,猫立即去捉老鼠,把捉到的老鼠关到笼子里。(选自2017年幼儿园教师资格证面试;2020年全国职业院校技能大赛"小小一粒米"主题素材)

请你设计游戏活动教案,并组织幼儿玩游戏。

 思考与练习参考答案

实践与实训

实训一: 在幼儿园见习期间,以某一个年龄班为对象,观察幼儿进行了哪些体育教育活动。

目的: 掌握幼儿园体育教育活动实施的途径。

要求: 在观察过程中拍照或录视频留下记录。

形式: 个人完成。

实训二：组织一次体育教育活动。

目的： 掌握体育教育活动的设计与实施要点。

要求： 根据活动需要，设计教案，准备教具。

形式： 小组合作。

思政案例

发扬体育精神，倡导健康人生

2013年8月31日，中华人民共和国主席习近平在会见全国群众体育先进单位、先进个人代表和全国体育系统先进集体、先进工作者代表时强调："全民健身是全体人民增强体魄、健康生活的基础和保障，人民身体健康是全面建成小康社会的重要内涵，是每一个人成长和实现幸福生活的重要基础。"

2022年2月14日，北京2022年冬奥会自由式滑雪女子空中技巧决赛在张家口赛区云顶滑雪公园举行。中国"四朝老将"以108.61分的成绩获得金牌，这是中国队在该项目上获得的首枚冬奥金牌。她就是"感动中国2022年度人物"——徐梦桃。她的颁奖词这样写道：烧烤炉温暖的童年，伤病困扰的青春，近在咫尺的金牌，最终披上肩膀的国旗。全场最高难度，这是创纪录的翻转，更是人生的翻转。桃之夭夭，灼灼其华，梦之芒芒，切切其真。

她是冬奥会自由式滑雪空中技巧冠军，而获得冠军的这一次，是徐梦桃第四次出战冬奥会。自由式滑雪最高难度三周台是人类向极限的挑战，落地风险极大。从1998年开始，中国女子空中技巧在冬奥会中共获得5枚银牌，这是困扰着中国女子空中技巧队的"魔咒"。索契冬奥会中，徐梦桃也获得了银牌，在那之后她努力备战平昌冬奥会，但在2016年全国冬运会的赛场上受了重伤。受伤后的她无奈接受了手术，切除了将近70%的左膝外侧半月板，并在膝盖中打了3根钢钉，受此影响，站在平昌冬奥会赛场上的徐梦桃严重失误了。失误后的她再次接受了手术，但她在短暂的消沉之后，在父亲的鼓励下再次站了起来，进行更加严酷的训练，最终以31岁"高龄"站在了北京冬奥会女子自由式滑雪空中技巧的最高领奖台上，打破了"魔咒"，创造了历史。如今的徐梦桃已经开始准备自己的第五届冬奥会，即使到那时她已是35岁，她也不会轻言放弃。

从12岁正式练习滑雪，徐梦桃在自由式滑雪空中技巧这个项目坚持了20多年。而算上从4岁开始的体操训练，徐梦桃已经从事体育运动30年。自由式滑雪空中技巧是一项极具危险性的运动，比赛时的偶然性也非常大，所以如果不是强大信念与热爱，又怎么会有这么多年的坚守。

全身心地投入每一堂训练课、认认真真地总结每一篇训练日记、一次次受伤又一次次坚强地重回赛场，徐梦桃从不向困难低头。即便在人生最低谷时，徐梦桃的脸上也总是流露着坚强的微笑。

徐梦桃传递出的，不仅仅是冠军姿态，更是执着与热爱、拼搏进取、团结协作、创新争先、求真务实的精神。诚如她所说，只要选择了就要向前看，只要全力以赴，终将得到回报。

　　徐梦桃的事迹启示我们：面对挫折和困难，以自律、开放、勇敢和进取的心态，不断挑战自己，战胜自我；积极向上，刻苦勤奋，锻炼身体；坚持梦想，持之以恒，勇于拼搏、追求卓越。

项目八　学前儿童心理健康教育

◇ **学习目标**

素质目标：学会心理调适的基本方法，能够正确应对学习、生活中的各种问题；提高心理承受力。

知识目标：了解学前儿童心理健康的标准，明确学前儿童心理健康教育的目标和内容；掌握学前儿童心理健康教育遵循的原则和实施的途径。

能力目标：能根据学前儿童身心发展特点，设计并实施学前儿童心理健康教育活动；关注学前儿童，平等对待学前儿童，促进学前儿童健康成长。

◇ **情境导入**

某幼儿园中班午睡时间，带班教师李老师觉得帅帅很闹腾，打扰了其他小朋友休息。于是李老师对着帅帅说："帅帅，你再吵闹，我就用塑料袋把你的嘴巴封住。"李老师正准备拿塑料袋时，被午睡值班的胡主任看见了，禁止了该行为。事后，幼儿园对李老师做了停职、整改处分，并将这起事件在全园进行了通报，如果李老师整改不通过，将对其进行辞退处理。

很明显，李老师的做法是非常错误的。虽然胡主任阻止了极端事情的发生，但是李老师的言语也给帅帅造成了一定影响。如果你是新对接的带班教师，后续你将如何帮助帅帅呢？怎样做，才能不给帅帅留下成长的伤害，促进帅帅健康成长呢？

幼儿园是幼儿进行个体社会化的初始阶段，是其人格健全成长的关键时期。幸福的童年，幼儿会得到很好的体验和经验，形成积极稳定的情绪情感，自信心满满，安全感十足，幼儿将会终身受益。

任务一　认知学前儿童心理健康教育

一　心理健康的标准

对于心理健康的标准，不同的专家、学者都有不同的解读。但是他们基本上都是从情绪情感、自我意识、人际关系、社会适应、自我实现等方面进行阐述的。美国心理学家马斯洛和米特尔曼提出了心理健康的十条标准，具体内容如下。

（1）充分的安全感。
（2）充分了解自己，并对自己的能力作出适当的评价。
（3）生活的目标切合实际。
（4）与现实的环境保持接触。
（5）能保持人格的完整与和谐。
（6）具有从经验中学习的能力。
（7）能保持良好的人际关系。
（8）适度的情绪表达与控制。
（9）在不违背社会规范的条件下，能恰当地满足个人的基本需求。
（10）在符合集体要求的前提下，较好地发挥自己的个性。

拓展资源
"大学生心理健康的标准"
扫码了解、学习大学生心理健康的标准。

二　学前儿童心理健康的标准

学前儿童心理健康不外乎是认知、情绪情感、意识品质、自我意识、环境适应等方面合乎学前儿童的心理特点，同时情绪稳定，能够较好地适应幼儿园生活，没有偏差行为。

学前儿童心理健康主要表现在以下六个方面。

（一）智力发育正常

智力就是指人认识、理解客观事物并运用知识、经验等解决问题的能力，包括观察力、记忆力、想象力、分析判断能力、思维能力、应变能力等。学前儿童能够在接触自然、生活事物和现象中，积累有益的直接经验和感性认识。

（二）稳定的情绪、积极向上

情绪稳定，能够恰当表达和调控自己的情绪，不高兴时愿意与父母或他人交流，并大胆表达自己的情绪。

（三）自我意识良好

随着年龄的增长，知道自己的优点和不足；知道别人的想法有时和自己不一样时，能够倾听和接受别人的意见，不能接受时会说明理由。

（四）良好的人际关系

喜欢跟小朋友一起游戏或者活动；在幼儿园有自己的好朋友，也喜欢结交新朋友；在同伴之间会分享、沟通、合作，正确应对竞争和输赢等。

（五）稳定协调的个性

性格活泼开朗，喜欢到大自然中去观察、探究，遇到困难学会自己解决，或者找同伴帮忙等。

（六）热爱生活，行为习惯符合幼儿年龄特点

喜欢去幼儿园上学，自己的事情自己做，养成良好的生活、卫生习惯等。

三 学前儿童心理健康教育的含义

根据学前儿童的心理发展特点，教师要有目的、有计划、有组织地开展以改善和提高学前儿童心理健康认识，培养学前儿童的健康行为，以维护和促进学前儿童心理健康为核心目标的一系列教育活动。

四 学前儿童心理健康教育的目标

《指南》明确指出了"健康是指人在身体、心理和社会适应方面的良好状态"。根据《指南》，本教材从学前儿童心理发展（情绪情感、自主能力、人际交往、归属感、环境适应、认知与探究）等维度，提炼了幼儿园各年龄班心理健康教育目标，具体内容如表8-1所示。

表 8-1 幼儿园各年龄班心理健康教育目标

心理发展指标	年龄班		
	3～4岁（小班）	4～5岁（中班）	5～6岁（大班）
情绪情感	1.情绪比较稳定，很少因一点小事哭闹不止。 2.听从成人的哄劝，较快地平静下来	1.经常保持愉快的情绪，不高兴时能较快缓解。 2.需要不能得到满足时，能够接受解释，不乱发脾气。 3.愿意把自己的情绪告诉亲近的人，一起分享快乐或求得安慰	1.经常保持愉快的情绪。知道引起自己某种消极情绪的原因，能努力化解。 2.表达情绪的方式比较适度，不乱发脾气。 3.能随着活动的需要较快地转换情绪和注意力
自主能力	1.自己能做的事情，愿意自己做。 2.喜欢承担一些小任务	1.自己的事情尽量自己做，不喜欢依赖别人。 2.敢于尝试有一定难度的活动和任务	1.自己的事情自己做，不会的愿意学。 2.主动承担任务，遇到困难能够坚持而不轻易求助。 3.与别人的看法不同时，敢于坚持自己的意见并说出理由
人际交往	1.喜欢和其他小朋友一起玩游戏。 2.在成人指导下，不争抢、不独霸玩具。 3.与同伴发生冲突时，能听从成人的劝解	1.喜欢和其他小朋友一起玩游戏，有经常一起玩的小伙伴。 2.对大家都喜欢的东西能轮流分享。 3.与同伴发生冲突时，能在他人帮助下和平解决。 4.活动时愿意接受同伴的意见和建议。 5.不欺负弱小	1.有自己的好朋友，也喜欢结交新朋友。 2.活动时能与同伴分工合作，遇到困难能一起克服。 3.与同伴发生冲突时能自己协商解决。 4.知道别人的想法有时和自己的想法不一样时，能倾听和接受别人的意见，不能接受时会说明理由。 5.不欺负别人，也不允许别人欺负自己
归属感	1.能感受到家庭生活的温暖，爱父母，亲近与信赖长辈。 2.认识国旗，知道国歌	1.喜欢自己所在的幼儿园和班级，积极参加集体活动。 2.知道自己是中国人	1.愿意为集体做事，为集体取得的成绩感到高兴。 2.能感受到家乡的发展变化并为此感到高兴；爱祖国，为自己是中国人感到自豪
环境适应	1.换新环境时，情绪能较快稳定，睡眠、饮食基本正常。 2.在帮助下能较快适应集体生活	1.换新环境时较少出现身体不适。 2.能较快适应人际环境中发生的变化。比如换了新老师能较快适应	1.能较快融入新的人际关系环境。比如换了新的幼儿园或班级能较快适应。 2.对小学生活充满好奇和向往
认知与探究	1.喜欢接触大自然，对周围的很多事物和现象感兴趣。 2.经常问各种问题，或好奇地摆弄物品	1.喜欢接触新事物，经常问一些与新事物有关的问题。 2.常常动手动脑探索物体和材料，并乐在其中	1.对自己感兴趣的问题总是刨根问底。 2.探索中有所发现时感到兴奋和满足

五 学前儿童心理健康教育的内容

为了有效地促进幼儿形成积极稳定的情绪情感，帮助幼儿养成良好的生活与卫生习惯，学会与同伴交往、合作、分享等，让幼儿在积极健康的人际关系中建立安全感和信任感，为以后健全人格的形成打下坚实的基础。

将学前儿童心理健康教育的目标具体化，从爱的教育、情绪情感的教育、良好生活习惯的教育、社会交往的教育、合适的性教育、预防心理障碍和行为异常等方面体现出学前儿童心理健康的具体内容。

（一）爱的教育

"良言一句三冬暖，恶语伤人六月寒。"可见语言的力量是巨大的。爱的语言能给人以力量、鼓励、安慰，恶恨的语言则似炮弹，直伤人心。在国家智慧教育公共服务平台"2024年寒假教师研修"专题中，北京师范大学教授顾明远在"弘扬教育家精神，勇担强国建设使命"课程讲授中再次强调"没有爱就没有教育"的教育观。幼儿园教师应当热爱儿童，热爱自己的工作，成为爱的使者，用爱的语言温暖幼儿的心灵，照亮他们前进的路；用教师自己的责任心、耐心和细心照顾和引导幼儿，从而让幼儿在爱的怀抱里茁壮成长。

拓展资源
"会爱才是真爱"
扫码学习掌握"会爱才是真爱"，这就是爱的教育真谛！

（二）情绪情感的教育

人们常说"孩子的脸变得快，说变就变"。实质上是指幼儿的情绪变化快，这一会儿在大哭，又过一会儿可能破涕为笑。幼儿时期情绪的好坏，直接影响幼儿良好个性特征的形成，因此教师应教会幼儿学会调适自己的情绪。碰到不高兴的事时找爸爸妈妈说说；也可以找教师谈谈；还可以一个人找一个喜欢的地方待一会儿，但前提是要事先告诉爸爸妈妈自己去的地方；也可以跟小朋友一起做游戏等，鼓励幼儿大胆地表达、说出自己的情绪。

在商场里，或者公共场所，我们经常看见一些幼儿在地上打滚、哭闹，无论家长怎么劝，好像都不起作用，幼儿仍然在地上滚着、哭着、闹着……家长也感到很尴尬、为难，有的家长干脆直接动手打幼儿，作为幼儿园教师，你可以给出什么建议呢？

拓展资源
"尴尬事情的应对策略"
扫码学习"尴尬事情的应对策略"。

(三) 良好生活习惯的教育

鼓励幼儿自己的事情自己做,让幼儿学会自己穿衣、吃饭、洗手、刷牙、午睡等,特别是家长要学会放手,不要包办代替,这样会影响幼儿的自主能力发展,实质上是影响了幼儿的自我成长。

案例导入

奶奶的成果

浩浩是一个可爱的、帅气的小男孩,已经四岁了,一直是由奶奶带大的。每次去幼儿园,只要时间紧,奶奶总是觉得浩浩自己洗漱慢,容易打湿衣服;衣服打湿了,容易生病,而且又要重新更换衣服。奶奶这个时候都会说:"浩浩,奶奶来帮你洗哦!"于是奶奶直接打好水,给浩浩挽起袖子,一下子就洗干净了,整个过程干净、利落,奶奶看着自己的成果,开心地笑了。

作为幼儿园教师的你,对这件事情,怎么看?

拓展资源
"奶奶的成果"
扫码了解"奶奶的成果"是否能促进浩浩的成长?

(四) 社会交往的教育

幼儿期的交往主要是和成人、同伴之间的交往。和同伴之间发生冲突时,如何解决问题,教师应该有智慧地进行引导,既让矛盾得到解决,又能促进幼儿良好的发展。

案例导入

幼儿自由活动时间,经常发生抢玩具的事情。教师过去询问情况,一名幼儿说:"玩具是我先拿的。"另一名幼儿也说:"玩具是我先拿的,被他抢走的。"两名幼儿争论着,有时候可能会打起来,容易造成伤害。

请问:作为幼儿园教师的你,怎么解决呢?

拓展资源
"抢玩具的冲突"
扫码学习,如何处理"抢玩具的冲突"。

(五) 合适的性教育

在幼儿园讲授性教育知识,确实有点难度。幼儿经常会问:"我是从哪里来的?"家长简单、粗略地解释,有的家长试图蒙混过关,有说"天上掉下来的";也有说"垃圾箱里捡来的";还有说"福利院里抱回来的";等等,如何教育幼儿了解"性",成人大多好像难以开口。他们往往采取逃避的方式,多以不了了之结束该话题。

因此,教师要根据幼儿的年龄特点,循序渐进、科学地讲解知识,帮助幼儿正确地认识自己的性别特征,促使幼儿性别角色和性别意识达到统一,促使幼儿心理健康发展。

(六) 预防心理障碍和行为异常

一般情况下,幼儿是不会有很大的心理健康问题的。出现异常行为,原因是多方面的。教师要与家长多观察、多沟通;特殊情况下,家长要找专业机构进行筛查,寻找应对策略。

幼儿园里可能会遇到各种各样情况的幼儿,教师要关注全体幼儿,以饱满的热情爱幼儿,尊重幼儿,平等对待每名幼儿,不带任何偏见,教师真心的爱是能够温暖幼儿的。对于个别幼儿的一些偏差行为,必须通过专业人员的筛查与诊断,教师不要随意下结论,可以与家长一起形成合力,做好早期发现、引导、干预工作。但是干预的前提是教师要经过专业的培训,并且取得相关专业的资格证书。

任务二 掌握学前儿童心理健康教育的实施途径与活动设计

一 学前儿童心理健康教育遵循的原则

(一) 因材施教原则

每名幼儿成长的家庭环境不一样,兴趣爱好、行为习惯、性格特点等也各不一样,千差万别。因此要根据幼儿的年龄特点和个性特点,构建其成长需求的心理环境,不同的幼儿应使用不同的方法,多采取鼓励、表扬、认可的方式,欣赏幼儿,让幼儿发扬其优点,弥补其不足。当幼儿出现错误时,要注意说话的语气和方式,以免伤害幼儿的自尊心。

幼儿先天气质特点不同，有的幼儿属于安静型，有的幼儿偏向活泼型，安静型的幼儿如果受到教师的批评，心情很长时间可能难得平静下来，这样的幼儿应多鼓励；而活泼型的幼儿受到教师的批评，过一会儿就平复了，然后投入新的活动，转移得很快，这时一个手势就可以了；有的幼儿思维敏捷，有的幼儿反应稍慢，如回答问题时，对于反应慢的幼儿，教师要学会耐心等待，鼓励幼儿慢慢说；有的幼儿主动交往，有的幼儿被动等待，对于被动等待的幼儿，教师可以让幼儿先尝试主动交往，多鼓励、多认可、多赞赏。

（二）民主、平等原则

每名幼儿都是一个独立的个体。教师要尊重幼儿，公平、公正地对待每名幼儿，不许歧视和带有任何偏见，一视同仁。用发展的眼光看待每名幼儿，关注幼儿的心理需求，发挥幼儿的主体性，促进幼儿健康成长。

（三）坚持预防、发展重于矫治原则

学前儿童心理健康教育不是让问题出现了，再来纠正，而是采用适合的教育方法，让问题出现的机会都没有，引导幼儿顺利成长。其目的就是让幼儿有稳定的情绪情感，良好的自我意识，很好地与同伴相处，形成健康的人际关系，能较快地适应各种环境。当看见幼儿的不良行为时，教师要提前进行教育、干预；对于一些偏差行为，可以请专业人士进行矫治，让幼儿情绪得到宣泄，让幼儿偏差行为得到矫治，不给幼儿期留下不良的情绪和行为影响；如果成人能有效关注到幼儿期的心理需求，积极引导和帮助幼儿，将有助于幼儿身心健康成长。

（四）不妄下结论、不贴标签原则

幼儿年龄小，兴趣广泛，对什么都感兴趣，喜欢这里碰碰、那里摸摸，喜欢探索，教师要辨别清楚，是幼儿的闹腾还是幼儿需要成人陪伴？是幼儿在探究问题还是想引起成人关注？不要统一贴标签认定为就是多动症的幼儿。幼儿在幼儿园不讲话，在家里讲得可带劲儿的，教师要关注幼儿，是对家人的依赖还是对环境的不适应？教师要尊重幼儿的人格，因为每名幼儿都是独一无二的个体。

二 学前儿童心理健康教育的实施途径

有研究表明：成人的许多心理问题与他童年的成长经历是有一定关系的。学前期是一个人人格形成的关键时期，因此学前期的心理健康教育至关重要，让每名幼儿都有一个幸福的童年，是幼儿园教师的职责和使命。教师可以通过多种途径和方法，促使幼儿健康成长。

（一）创设适宜的环境

环境包括物质环境和心理环境。环境育人，润物细无声。

1. 创设让幼儿感到舒适的物质环境

在舒适的环境中,人们的心情也会变得愉悦。教师要充分利用环境资源,根据本班幼儿的实际情况或者教学情况,布置活动室、寝室、盥洗室的环境,如寝室的墙壁上贴画(适合安静、睡觉的图画)、盥洗室的贴画(引导幼儿排队、节约用水的海报)等。

小班幼儿刚入园时,对幼儿园不是很熟悉,教师可在游戏区创设像家一样温馨的环境,多投放一些娃娃家的材料,供幼儿玩耍、游戏,让幼儿感觉像家一样,这样有利于幼儿更好地适应幼儿园生活;中班则投放一些益智材料,如建构类的,有利于幼儿之间相互沟通、合作,发展与同伴的交往能力;大班则投放一些创造性材料,或者是废旧材料,可以培养幼儿的创新能力和合作能力。

2. 创设让幼儿舒缓的心理环境

幼儿在园一天的情绪状况,从晨检、入园开始,就埋下了伏笔。晨检期间,教师应微笑迎接每名幼儿,简单的一句"某某小朋友,早上好!"一个善意的眼神、一个点头、一个拥抱等,都是给予幼儿最好的心理营养。从入园开始,教师就可以观察幼儿的表现,对于情绪状态不好的、不擅长语言表达的幼儿,教师要抽出时间跟该幼儿聊聊,鼓励幼儿大胆表达出来,试图让幼儿说出事情缘由,多交流、沟通。

(二) 融入一日生活中

从早晨入园到下午离园,一日生活中,教师的一举一动,都是幼儿关注和模仿的对象。因此,教师要以身作则、以身示范,用暖暖的爱心、足够的耐心细心滋养每名幼儿。有时候鼓励的语言、恰当的手势,如竖个大拇指、鼓鼓掌,摸摸幼儿的头;有时候一个会意的眼神、相视一笑、互相拥抱等,都会让幼儿感到莫大的幸福和快乐。让幼儿园成为幼儿的快乐乐园,何愁他们身心得不到健康成长呢?

(三) 体现在健康教育活动中

通过健康教育活动课,让幼儿懂得一定的道理。教育幼儿养成良好的生活卫生习惯,如:为什么要刷牙呢?对幼儿不能干巴巴地讲道理,而是采用多种方法,激发幼儿形成自主刷牙的动力机制。可以采用绘本故事、律动、舞蹈刷牙、音乐《刷牙歌》、自制动画PPT等,让幼儿懂得:不刷牙,会形成龋齿,龋齿会很疼,不利于吃饭和补充营养,还影响牙齿美观;不刷牙,会有口臭,可能影响与他人沟通等。让幼儿在活动中,自己去经历、体验、游戏,充分体现了"玩中学,学中玩"的教学理念,在活动中,幼儿自觉养成了刷牙的好习惯。

(四) 形成于健全的家园合作关系中

幼儿身心健康成长,必须是家长和教师形成教育合力。让幼儿园和家长之间建立新型的家园合作、平等关系。运用信息技术手段,建构多种沟通模式,如微信、QQ群等,提升合作质量;丰富沟通活动形式,如亲子运动会、家长开放日等,提高合作实效。让家长更有效地了解幼儿园,自觉自愿地参与到教育幼儿的过程中。只有教师和家长间经常沟通、交流,相互配合,才能及时发现幼儿可能存在的问题，并及时解决，让问题消灭在萌芽阶段。

拓展资源
"在学前儿童心理健康教育中，教师应注意的问题"
扫码学习了解，在学前儿童心理健康教育中，教师应该注意哪些问题？

三 学前儿童心理健康教育活动设计

（一）小班活动设计

小班健康教育活动 我好害怕

北京市朝阳区丽景幼儿园 李佳景

1.设计意图

"害怕"是一种情绪，不同年龄段的幼儿都有各自不同的害怕，每名幼儿成长过程中都对"害怕"有着直接而又深刻的情绪体验。小班幼儿从家庭进入幼儿园常常会伴随着害怕分离的焦虑。因此，这个话题能引发幼儿的共鸣，值得展开深入的探讨。但仅仅"鼓励幼儿大胆地说出心中的害怕"显然对现在的幼儿来说意义并不大，幼儿目前缺乏的不是说出害怕的勇气，而是缺乏正视害怕、克服害怕情绪的自我调控方法。因此通过开展本次教学活动，引导幼儿"克服害怕"，帮助幼儿获得调控自己害怕情绪的丰富方法与策略。

2.活动目标

（1）知道害怕的感觉人人都会有，愿意大胆说出自己内心的恐惧。

（2）能够想办法消除害怕的心理，尝试战胜害怕。

（3）学习控制自己的情绪，难过或疼痛时不哭。

3.活动重难点

（1）重点：愿意大胆说出自己内心的恐惧。

（2）难点：通过讨论，想办法消除害怕的心理并能够进行经验迁移。

4.活动准备

（1）物质准备：课件PPT故事《我好害怕》、展板。

（2）经验准备：事先让幼儿和家长讨论并记录自己最害怕的事或物。

5.活动过程

（1）故事导入，引出"害怕"心理。

①出示PPT中的故事封面，引导幼儿猜测小熊的心理活动。

引导语：小熊脸上是什么表情？（不高兴、生气、害怕）

猜猜小熊发生了什么事？为什么要拿着毯子捂着脸呢？

②师幼共读故事1～12页，揭示小熊害怕的原因。

引导语：我们一起看看小熊遇到什么事情了？

小结：原来是害怕厨房里锅碗落下来的声音，是因为和妈妈分离而感到害怕……那如果你是小熊，你会害怕吗？

（2）结合经验，分享自己害怕的事情。

①根据记录单，和同伴说一说自己害怕的事情。

引导语：昨天我们和爸爸妈妈一起把自己害怕的事情记录了下来，我们可以先和自己的好朋友说一说。教师巡回倾听与指导。

②鼓励幼儿当众表达自己害怕的事情。

引导语：你害怕的是什么？为什么会害怕？害怕是一种什么感觉？害怕的时候你会做什么？

教师出示记录单，总结梳理幼儿共同害怕的场景和事物。

教师小结：原来我们小朋友不光对一些声音感到害怕，还会对一些猛兽感到害怕，还有一些小朋友害怕接触陌生的环境，还有的小朋友害怕危险的事情，比如爬高、点火、切东西这些事情。

③讨论害怕的原因。

引导语：你们为什么害怕这些东西？（因为发生火灾，人会窒息而死；因为用刀切东西，容易切到手指并流血；因为如果声音太大，耳朵会不舒服……）

教师小结：原来每个人都会害怕，我们可能因为会受到伤害而感到害怕。害怕是会让人感觉冷冷的、不舒服。害怕的时候我们会哭、会躲起来。

（3）集思广益，讨论克服害怕的办法。

①结合展板，讨论解决的办法。

引导语：那你喜欢"害怕"这种感觉吗？怎么样才能让我们不害怕呢？

遇到这些凶猛的动物时，我们可以怎么做？（逃跑、躲起来、找爸爸妈妈）

教师小结：有了这些好办法，我们就不怕这些凶猛的动物了。（将害怕表情翻面成笑脸）

引导语：水、电、火、刀这些东西，我们在生活中都会用到，但是一不小心就会受伤，那该怎么做？（小心使用、请爸爸妈妈帮忙）

教师小结：你们真会动脑筋，这样这些东西我们也不怕了。（翻转笑脸）

引导语：听到可怕的声音怎么办？（捂耳朵、远离噪声）

教师小结：原来我们也可以想办法分散注意，战胜这些可怕的声音。（翻转笑脸）

②情景表演，积极面对害怕。

引导语：刚才还有一些小朋友说害怕和爸爸妈妈分开，每天早晨有点不想来幼儿园，但是幼儿园里每天都有好玩的游戏，能学到好多本领，还能认识新的朋友，那么谁有好的方法能帮助这些小朋友们高高兴兴来幼儿园，不再害怕和爸爸妈妈分开呢？

幼儿可以分别扮演教师、家长、小朋友，并结合刚才讨论的方法进行表演。（例如和"爸爸""妈妈"约定一个"魔法亲亲"装在"宝贝"的口袋里。"爸爸""妈妈"可以给"宝贝"准备一张全家福的照片放在书包里……）

（4）回归故事，教师小结。

引导语：你们都想到了好办法克服害怕，变成了勇敢的孩子。小熊有没有变勇敢呢？我们一起来看看。（播放多媒体）

教师小结：虽然有些害怕的事情，我们可以通过躲起来或者做其他事情来逃避，但有的害怕，像来幼儿园上学这种事情，我们就必须勇敢战胜它，我们只要勇敢面对、积极想办法，也就不会再害怕了。

6.活动反思

在本次活动过程中，教师首先采用PPT故事课件这一媒介贯穿，帮助幼儿理解"害怕"这一情绪，同时运用讨论法，让幼儿积极参与"害怕"事件的讨论，为他们提出问题、发表意见、自己得出结论提供机会，其次采用情境表演的方式，这有利于激发幼儿的兴趣与参与感，最后活动回归到小班幼儿常见的分离焦虑现象，在这一情境下大家集思广益，帮助幼儿克服害怕来园的心理，有利于幼儿更好地进行经验迁移。建议在活动后，可以将这些克服分离焦虑的办法发到家长群里，家园携手帮助幼儿更加积极地入园上学，帮助幼儿克服生活中的小困难。

（二）中班活动设计

中班健康教育活动 请不要随便碰我
华中师范大学幼儿园 黄芳

1.设计意图

教师身为幼儿教育工作者，往往会比常人更关注有关幼儿安全事故的报道，如频频曝光的娈童事件，更过分的是在有的事件中，小女生在午睡时被带到幼儿园楼梯遭迫害，我们想要减少和杜绝此类事故的发生，不仅仅靠舆论和媒体加大对社会的呼吁，唤起成人的良知，更重要的是教育幼儿如何自我保护，如何面对坏人的迫害。《纲要》及《指南》中均指出，4~5岁幼儿应该具备基本的安全知识和自我保护能力，知道简单的求助方式，而且中班的幼儿已经慢慢长大，开始对一些性别的话题感兴趣，有的幼儿在课后拉住教师的手提了很多关于成人生活的话题；还有的幼儿在大便、小便的时候竟忍不住好奇，偷偷看对方……于是，教师决定对幼儿现阶段最为关注的话题作出正面的、积极的回应，同时对学前教育阶段如何开展"性教育"启蒙进行初步探索，让幼儿愉快地了解自己的身体部位，科学、正确地面对性别话题并能够拒绝不友善的接触，尊重别人并保护好自己的身体。

2.活动目标

（1）感受隐私部位的重要性，增强保护自己的意识。

（2）了解男女身体的不同，知道身体哪些地方是隐私部位。

（3）能正确分辨友善的接触与不友善的接触，并采取正确方式回应。

3.活动准备

（1）物质准备：课件"别摸我"、欢快的音乐、《杰瑞的冷静天空》故事。

（2）经验准备：幼儿对两性的区别有了初步的认识。

4.活动过程

（1）直接导入，引出男女标志。

听音乐欢快地进入教室，教师直接引出男女标志。

（2）了解男女身体结构的区别，知道隐私部位在哪些地方。

①播放课件一，区分男女外形的不同。

②播放课件二，为男女标志分类。

③播放课件三，区别男女身体结构的不同，知道什么是隐私部位。

教师小结：男生和女生的身体结构是不一样的，男生有"小鸡鸡"而女生没有，女生的胸部微微隆起，而男生的胸部平平的，这些部位属于我们的隐私部位。隐私部位是我们每个人的小秘密，我们要好好保护自己的隐私部位。

④播放课件四"穿泳衣"，知道不能随便暴露隐私部位。

（3）了解自我保护的方法。

①播放课件五，讨论当遇到陌生人提出不当要求时，该如何保护自己。

②游戏：你会怎么办？了解当遇到熟人提出不当要求时，该如何保护自己。

（4）播放课件六，请幼儿为图片分类，并说一说哪些是友善的接触，哪些是不友善的接触。

（5）游戏："小朋友头碰头"。体验与小朋友友善接触的快乐。

5.活动延伸

探索我们身体部位的其他秘密。

6.活动反思

本次教学活动以大家比较关注的性别话题及保护隐私部位为主线，对幼儿进行性教育启蒙。让幼儿通过视频、游戏、讨论等多种方式了解自己身体的隐私部位，科学、正确地面对性别话题，尝试分辨友善的接触和非友善的接触，并能采用多种方法拒绝不友善的接触，懂得尊重别人的隐私，提高幼儿们的自我保护能力。

教学活动分为五个环节层层递进，环节一以男女标志引出男女身体结构的差异，知道身体的哪些地方是隐私部位，环节二通过课件让幼儿自己动手操作"穿泳衣"，知道不能随便暴露隐私部位；环节三播放视频引出讨论：面对陌生人提出不当要求时该如何保护自己，了解多种自我保护的方法，之后以游戏的形式让幼儿知道不仅要拒绝陌生人的不友善接触，面对熟悉的人提出的不友善接触也要拒绝；环节四让幼儿为生活中发生的各种行为图片分类，进一步讨论哪些行为是友善的接触，哪些行为是不友善的接触，进一步强化自我保护意识；最后一个环节以游戏的形式，让幼儿在欢快的音乐声中与小朋友轻轻碰撞身体的不同部位，体验与小朋友友善接触的快乐。每一环节围绕教学目标层层递进、环环相扣、由易到难，利用了多媒体资源和互动白板，让幼儿通过眼睛看、耳朵听、手触摸、嘴巴说及身体游戏等形式，调动了幼儿的多种感官及生活经验，让幼儿由感知到操作再到游戏体验，形成自我保护的新知识经验，很好地完成本次活动的目标。

时代在进步，幼儿生活在信息化的时代里，多媒体应用是一个非常好的教学手段，我们应该不断探索，引进丰富的资源并应用到教学中，最大限度地促进幼儿学习发展。

（三）大班活动设计

大班健康教育活动 你好，坏心情

湘南幼儿师范高等专科学校附属幼儿园 何佳颖

1.设计思路

大班幼儿正处于自我意识建立的关键期，开始关注输赢，有强烈的获胜心，规则意识和荣誉感也逐步增强，因此他们的情绪波动也变得更加明显，如游戏时出现生气、急躁，比赛输了时出现气馁、哭闹等情绪。而且大班的幼儿即将进入小学，从幼儿园到小学生活，学习环境的变化无形之中需要幼儿具备积极的情绪，学会调控自己的情绪显得至关重要。因此，教师结合班级幼儿年龄特点和发展情况，设计了本次心理健康教育活动，让幼儿在玩玩、说说、听听、画画中正确认知和表达情绪，增强调节情绪的能力。

2.活动目标

（1）积极围绕情绪话题相互交流，感知每个人的好与不好的情绪。

（2）知道不良情绪带来的危害，初步学会调整自己的不良情绪。

（3）尝试参与"不良情绪"的辩论式谈话，懂得遵守辩论规则。

3.活动重难点

（1）重点：初步学会去调节自己的不良情绪，感知不同的调节方法。

（2）难点：尝试有针对性地辩论，能较准确、精练地表达自己的观点和理由。

4.活动准备

（1）物质准备：各种表情图（开心、愤怒、害怕、激动、惊恐……）；平板电脑、手机、白纸、记号笔、轻音乐。

（2）经验准备：幼儿具有初步的辩论赛经验，了解辩论赛的一般程序和规则。

5.活动过程

（1）玩一玩，感受情绪。

开展游戏"情绪过山车"，说说玩游戏的感觉。

（游戏玩法：师幼拉手共同进入活动室，带班教师随机出示不同表情图片，师幼共同作出相应表情完成过山车体验。）

引导语：刚才大家在玩游戏的时候，老师拍了一些你们的照片，我们一起来看看吧。

教师小结："脸"时刻都能发生很大的变化：一会儿笑，一会儿哭，一会儿又生气，一会儿又愤怒……

（2）说一说，分类情绪。

①引导语：我们刚刚拍的照片中，哪些让你觉得心情好？哪些让你心情不好呢？

②引导幼儿将照片表情从良好情绪和不良情绪进行归类。

教师小结：我们玩游戏中大笑的时候心情是好的，高兴、快乐是属于良好情绪，当我们遇到生气的事，或伤心、哭泣、愤怒、害怕的时候，我们心情是不好的，这是属于不良情绪。情绪有四种，即喜、怒、哀、乐。我们可以通过脸上的表情知道他人的情绪。

（3）画一画，理解情绪。

① 引导语：不良情绪产生的原因是什么？对我们身体有什么影响呢？

② 绘制不良情况排解的方法。

教师小结：心情是藏在我们每个人心中的小精灵，当我们心情不好的时候，我们可以唱歌、运动、看书、玩游戏、吃美食、找朋友聊天，或者用你们刚刚记录的各种好办法。这样我们就能让自己快乐起来，就能天天拥有好心情，你的快乐就会变成大家的快乐，我们身边就会充满快乐。

（4）辩一辩，思考情绪。

①教师引入论题：不良情绪带给我们的都是危害吗？

②请幼儿按观点的不同分成两个组，并在组内自由交谈，教师提醒幼儿想出合适的理由支持自己的观点。

③强调辩论规则：两组幼儿轮流发言；一方发言之后，另一方可以反驳。

④幼儿分组辩论，教师鼓励幼儿畅所欲言，避免重复，引导幼儿从每组的倾听、陈述、辩驳等方面评价，并从其他幼儿所表达的观点中提炼出自己的观点。

6.活动延伸

（1）在区域投放《杰瑞的冷静太空》等有关的情绪故事内容。

（2）在班级建设"情绪能量站"。当幼儿出现负面情绪时可以到"情绪能量站"疏解情绪，获取正向、积极的情绪能量。

7.活动反思

（1）体验式活动设计，激发幼儿积极、主动参与。活动从"情绪过山车"开始，让幼儿在游戏体验中感受不同的心情。随后通过观察照片、分类情绪等环节，让幼儿了解不良情绪产生的原因及排解不良情绪，在"不良情绪带给我们的都是危害吗？"这一问题进行辩论的环节中，幼儿积极参与、亲身体验、深度感受、主动学习，通过本次活动的引导，相信幼儿在以后的生活中遇到问题时，都能选择合适的办法调节自己的情绪，保持乐观的心态。

（2）支持式师幼互动，引发情感共鸣。支持式互动是最有效的师幼互动模式，每个环节幼儿都在教师创设的轻松和谐氛围中愉快地参与。幼儿没有任何心理负担，一方面源于对教师的信任，另一方面来自教师和幼儿之间的积极互动、理解共情。

◇ **项目小结**

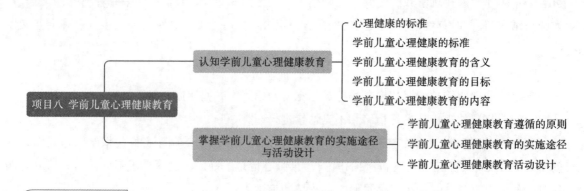

思考与练习

一、单项选择题

1.下列对儿童的看法，正确的是（　　）。（选自2022年上半年幼儿园教师资格证考试）

A.儿童是无知无能的　　　　　　　　B.儿童不是微缩的成人

C.儿童可以按成人的意愿随意塑造　　D.儿童是家庭的私有财产

2.秦老师按照行为表现把班里的幼儿分为"精英组""平民组""娱乐组"。"娱乐组"里全都是调皮的孩子。秦老师的做法是（　　）。（选自2018年上半年幼儿园教师资格证

考试）

　　A.尊重了幼儿发展的个别差异　　　　B.体现了因材施教的教育理念

　　C.未能平等公正对待幼儿　　　　　　D.未能培养幼儿良好的品行

　3.强强特别能吃，体形偏胖，动作比其他小朋友稍显缓慢，小朋友们因此不喜欢跟他玩。强强慢慢地变得孤僻了。老师不正确的做法是（　　）。（选自2018年上半年幼儿园教师资格证考试）

　　A.训练强强的动作敏捷性　　　　　　B.默许其他小朋友的行为

　　C.教育其他小朋友接纳强强　　　　　D.帮助强强养成合理饮食习惯

　4.幼儿与成人的关系主要表现在亲子关系和（　　）。（选自2023年12月三级保育员资格证考试）

　　A.父子关系　　　B.同伴关系　　　C.师生关系　　　D.母女关系

二、简答题

1.学前儿童心理健康教育遵循的原则是什么？

2.简述学前儿童心理健康教育的实施途径。

3.如何将心理健康教育渗透到一日生活中？

三、材料分析题

刚入园的小班幼儿平平是一个性格内向的孩子，穿着又旧又脏，总是哭着要妈妈，其他小朋友都不愿意和他玩。程老师经常温柔地拥抱他，牵着他的小手，介绍其他的小伙伴和他认识。一天，自由活动时间到了，只见平平又一个人呆呆地坐在自己的椅子上面，脸上毫无表情，一言不发。程老师见此情景心想，此时不宜和平平进行交谈，而是应该鼓励他和小伙伴一起玩。于是程老师叫来活泼开朗的小娜和平平一起玩玩具。小娜见平平不会玩，便教平平，两人很快玩到一起去了。为了增强平平的自信心，程老师有意让平平当值日生协助老师一起发放和收拾餐具，并不断地表扬平平很能干，平平很开心，越来越自信了。在日常学习活动中，程老师经常表扬平平，平平的笑容也越来越多了。（选自2020年下半年教师资格证考试）

请结合材料，从儿童观的角度，评析程老师的教育行为。

 思考与练习参考答案

实践与实训

　　实训一： 以学前儿童心理健康教育为内容，任选一个年龄班，设计一个活动方案，并制作相应的课件、教具等，根据活动方案模拟教学。

　　目的： 掌握学前儿童心理健康教育的目标、内容和活动设计的方法；根据各年龄班幼儿特点，能科学指导、实施教学活动。

　　要求： 活动方案结构完整，模拟教学后，各小组成员间互相评课。

　　形式： 小组合作。

实训二：观看视频《生命缘》，探寻生命的价值和意义，形成文字材料，并上传至班级群。

目的：掌握在心理健康教育时应该注意的问题，尊重、理解、平等对待每名幼儿，形成正确的教育观、儿童观。

要求：文字材料内容积极、健康向上，感悟每个生命的可贵；突出如何让幼儿感受到教师的爱，做一名有爱心的幼儿园教师。

形式：查阅资料，小组合作。

微课视频
《生命缘》
扫码观看《生命缘》，感受生命的奇迹。

思政案例

珍爱生命，用爱前行

由北京卫视制作的医疗真人纪实节目《生命缘》。初看时以为像其他电视节目一样是表演，认真看过之后，对生命就会有新的理解和感悟。生命不易，一个生命——他（她）很坚强，又很脆弱，我们要去珍惜健康的他（她），同时又要坚强地面对偶尔不健康的他（她）。

备受痛苦折磨却依然决心留下腹中宝宝的孕妈妈，以及咬紧牙关坚持顺产的待产妇。她们有的已是高龄产妇，孕育生命对她们来说本来就是很大的负担，而为人母的天性却给了她们面对危险和风险的勇气。正如节目的宣传语所说的，"天空与地面生死相依，爱与坚持，让命运创造奇迹，每一秒都是生与死的战斗，判断抉择让生命此刻相遇"。

生命的诞生是人生中最重要的时刻，一个小生命的到来是如此艰难和可贵。

在病房和产房里我们能看到，准妈妈们能够坚强地面对妊娠时的各种反应以及分娩时的剧痛。有人说只有经历了分娩的疼痛才是一位完整的母亲，因为这个过程是肚子里的宝宝和母亲共同面对困难，一起迎接新生，新生儿是坚强的，而母亲更是伟大的。宝宝的心跳是对她们最大的支持，因为肚子里的生命正在用努力地跳动，告诉妈妈们他们对这个世界的渴望。

从真人纪实节目中我们得到启示：生命源，生命缘，生命让我们有缘连在一起。每名幼儿都是父母的宝贝，都是人间的天使。我们每个人的生命都值得被珍惜、被好好对待。保持愉快的心情，热爱运动，热爱生活，这样才不会愧对我们的生命；好好地爱自己、爱父母、爱他人、爱工作、爱一切……原来一切都是这么美好！我们每个人都值得被温柔以待！

参考文献

[1] 冯永娜,宋杨.学前儿童健康教育与活动实施[M].上海:上海交通大学出版社,2021.

[2] 马存根,张继梅.医学心理学[M].4版.北京:人民卫生出版社,2014.

[3] 王洪涛,周莉莉.儿科护理学[M].3版.北京:高等教育出版社,2015.

[4] 教育部基础教育司.幼儿园教育指导纲要(试行)解读[M].南京:江苏教育出版社,2002.

[5] 教育部.3~6岁儿童学习与发展指南[M].北京:首都师范大学出版社,2012.

[6] 马豫,李听,曾珊.学前儿童健康教育[M].长沙:湖南师范大学出版社,2021.

[7] 李季湄,冯晓霞.《3—6岁儿童学习与发展指南》解读〔M〕.北京:人民教育出版社,2013.

[8] 蔡迎旗.学前教育原理[M].武汉:华中师范大学出版社,2017.

[9] 顾荣芳.学前儿童健康教育论[M].南京:江苏教育出版社,2009.

[10] 杨月欣.营养素的故事[M].北京:北京大学医学出版社,2009.

[11] 胡晓伶,徐浩,殷玉霞.学前儿童健康教育与活动指导[M].长沙:湖南师范大学出版社,2018.

[12] 宣兴村.学前儿童卫生与保健[M].2版.长春:东北师范大学出版社,2017.

[13] 邓志军,杨竞楠.学前儿童健康教育与活动指导[M].北京:现代教育出版社,2017.

[14] 李秀敏.幼儿园健康教育与活动指导[M].南京:南京师范大学出版社,2020.

[15] 杭梅.幼儿健康教育与活动指导[M].北京:北京师范大学出版社,2014.

[16] 闫学利.幼儿膳食营养供给现状的调查研究[D].保定:河北大学,2015.

[17] 蔡佳音.我国5岁以下儿童营养问题及影响因素研究[D].北京:北京协和医学院,2013.

[18] 刘德泽.3~4岁幼儿进餐教育现状研究——以南京市某幼儿园为例[D].南京:南京师范大学,2018.

[19] 胡燕.膳食多样性、微量营养素补充剂与儿童体格生长[J].中国儿童保健杂志,2023(10):1051-1053.

[20] 陈旭微.美国幼儿饮食营养教育的实施背景与形式及对我国的启示[J].学前教育研究,2016(3):15-28.

[21] 马丽雯,刘馨.3~6岁幼儿的营养认知和饮食行为的研究——以银川市为例[J].现代职业教育,2019(18):108-110.

[22] 温乐.以二十四节气传统饮食习俗开展幼儿营养教育的实践[J].基础教育研究,2023(8):90-92.

[23] 候芳,陈艳琳,郭青,等.新冠肺炎疫情期间学龄前儿童饮食行为及家庭影响因素分析[J].中国学校卫生,2021(2):237-239,244.

[24] 于渊莘.角色性主题游戏课程的理论与实践[M].北京:教育科学出版社,2012.

[25] 史慧静.婴幼儿常见疾病预防和护理[M].上海:复旦大学出版社,2022.

[26] 刘心洁.婴幼儿疾病预防与护理[M].北京:中国人民大学出版社,2021.

[27] 金莉,刘心洁.幼儿常见疾病的预防[M].北京:高等教育出版社,2015.

[28] 杨美男.学前儿童卫生与保健[M].北京:中国人民大学出版社,2019.

[29] 叶平枝,等.幼儿园健康领域教育精要——关键经验与活动指导[M].北京:教育科学出版社,2015.

[30] 刘鑫.幼儿园健康教育资源 健康生活[M].北京:人民教育出版社,2017.

[31] 林宏,全国高等教育自学考试指导委员会.学前儿童保育学[M].北京:高等教育出版社,2014.

[32] 斯琴格日乐,包晓华.浅析《蒙医甘露四部》对三级预防策略的认识[J].内蒙古民族大学学报（自然科学版）,2021（4）:362-364.

[33] 贝红霞.中医"治未病"思路和西医学"三级预防"理念在患者疾病管理中的应用[J].中医药管理杂志,2022（13）:181-183.

[34] 高庆春,梁周全.学前儿童健康教育[M].北京:高等教育出版社,2014.

[35] 李兴强,王文洁,孙雁.学前儿童健康教育[M].桂林:广西师范大学出版社,2021.

[36] 欧新明.学前儿童健康教育[M].北京:教育科学出版社,2002.

版权声明

为了方便学校课堂教学，促进知识传播，便于读者更加直观透彻地理解相关理论，本教材选用了一些论文、电影、电视、网络平台上公开发布的优质文字案例、图片和视频资源。为了尊重这些内容所有者的权利，特此声明，凡在本书中涉及的版权、著作权等权益，均属于原作品版权人、著作权人等。

在此向这些作品的版权所有者表示诚挚的谢意！由于客观原因，我们无法联系到您，如您能与我们取得联系，我们将在第一时间更正任何错误或疏漏。

与本书配套的二维码资源使用说明

　　本书部分课程及与纸质教材配套数字资源以二维码链接的形式呈现。利用手机微信扫码成功后提示微信登录，授权后进入注册页面，填写注册信息。按照提示输入手机号码，点击获取手机验证码，稍等片刻收到4位数的验证码短信，在提示位置输入验证码成功，再设置密码，选择相应专业，点击"立即注册"，注册成功。（若手机已经注册，则在"注册"页面底部选择"已有账号，立即登录"，进入"账号绑定"页面，直接输入手机号和密码登录。）接着提示输入学习码，需刮开教材封面防伪涂层，输入13位学习码（正版图书拥有的一次性使用学习码），输入正确后提示绑定成功，即可查看二维码数字资源。手机第一次登录查看资源成功以后，再次使用二维码资源时，只需在微信端扫码即可登录进入查看。